DE LA SUBROGATION

À

L'HYPOTHÈQUE LÉGALE

DES

FEMMES MARIÉES.

ETUDE CRITIQUE

PAR

A. BERTAULD,

AVOCAT A LA COUR IMPÉRIALE DE CAEN, PROFESSEUR SUPPLÉANT
A LA FACULTÉ DE DROIT.

PARIS,

DURAND, LIBRAIRE-ÉDITEUR,

RUE DES GRÈS, 5.

1853.

DE LA SUBROGATION

A

L'HYPOTHÈQUE LÉGALE

DES FEMMES MARIÉES.

DE LA SUBROGATION

À

L'HYPOTHÈQUE LÉGALE

DES

FEMMES MARIÉES.

ETUDE CRITIQUE

PAR

A. BERTAULD,

AVOCAT A LA COUR IMPÉRIALE DE CAEN, PROFESSEUR-SUPPLÉANT
A LA FACULTÉ DE DROIT.

PARIS,

DURAND, LIBRAIRE-ÉDITEUR,

RUE DES GRÈS, 5.

1853.

Les garanties dont la loi dote les femmes mariées sont souvent devenues, sous l'effort des praticiens et sous l'inspiration d'un besoin impérieux de sécurité pour les transactions, un moyen de protéger les intérêts qu'elles semblaient menacer. L'hypothèque légale, par suite des stipulations dont elle a été l'objet, a favorisé, facilité les opérations qu'elle devait naturellement entraver : sous le nom de *renonciations*, de *cessions*, de *subrogations*, les femmes qui n'étaient pas dans les liens du régime dotal ont armé les tiers de leurs droits ou s'en sont au moins conditionnellement désarmées pour ne pas faire obstacle aux contrats qu'elles voulaient encourager. Cette abdication contractuelle est aujourd'hui une précaution bien rarement négligée; elle est profondément entrée dans les traditions notariales, dans les habitudes des gens d'affaires, et bien qu'elle ne soit pas toujours écrite, on a pu dire qu'elle était, en quelque sorte, de style dans les actes où figurent des femmes mariées.

De bons esprits se sont alarmés de la fréquence de ces pactes exprès ou tacites, dans lesquels ils n'ont vu qu'un artifice pour tromper et paralyser la prudence de la loi. Des objections diverses ont été faites : les unes ont nié que dans l'état actuel de notre législation les femmes mariées eussent la capacité de faire à des tiers l'abandon de leurs droits d'hypothèque légale. Elles ont présenté cet abandon comme une atteinte à la disposition des articles 2144 et 2145 du C. Nap. qui ne permettent la restriction de l'hypothèque légale pendant le mariage, qu'avec le concours de la justice. Elles ont demandé qu'il ne fût pas plus permis de violer indirectement la loi que de la violer directement et ouvertement.

D'autres objections , en reconnaissant que les art. 2144 et 2145 ne sont que l'expression de la pensée de défiance avec laquelle

la loi a envisagé les contrats entre époux,
ont fait appel au pouvoir législatif et ont
réclamé des textes qui limitassent une liberté
dont l'usage avait démontré les abus.

Ces deux classes d'objections supposent-
elles une étude bien complète, une appréciation bien exacte des caractères des faits
juridiques auxquels elles s'attaquent? —
Nous ne le pensons pas.

Pourquoi la femme capable de cautionner
son mari, capable de vendre ses meubles ou
ses immeubles propres, pour payer la dette
d'autrui, même la dette maritale, serait-
elle privée de la faculté d'engager des droits
qui, après tout, ne sont que des éléments de
son patrimoine? — Pourquoi serait-elle condamnée à ne pas affecter d'une manière spéciale des valeurs qu'en l'absence de toute affectation, ses créanciers se répartiraient, en
vertu des art. 2092 et 2093, comme une part
de sa fortune?

La Faculté de droit de Paris obéissait au
moins aux exigences d'une logique rigoureuse,
quand elle demandait, à titre de réforme, qu'il
fût interdit à la femme mariée de s'obliger,
comme caution de son mari, ou comme débitrice conjointe et solidaire avec lui, de renoncer pendant le mariage aux sûretés que la loi
lui accordait, de les céder ou d'y subroger,

de céder les créances mêmes qu'elle pourrait avoir contre son mari, à moins qu'elle n'eût obtenu l'autorisation de la justice. — Il semble que, pour compléter le système, la Faculté de Paris eût dû interdire la vente des immeubles propres, sans le concours de la justice, pour garantir que le prix ne serait pas employé au paiement des créanciers du mari ; elle se bornait à exiger pour ces ventes un acte authentique, parce qu'elle chargeait le notaire de mettre le ministère public en demeure de requérir une sûreté dans l'intérêt de la femme (1).

Les Cours de Metz et de Pau, la Faculté de droit de Strasbourg réclamaient, elles, une disposition véritablement anormale lorsqu'elles voulaient que les cessions et affectations d'hypothèque légale fussent subordonnées aux conditions des art. 2144 et 2145 du C. Nap., puisqu'elles laissaient à la femme la liberté de s'obliger même dans l'intérêt de son mari envers des tiers.

Nous comprenons bien moins encore comment la Faculté de droit de Strasbourg pouvait exprimer le vœu d'enlever à la femme la capacité d'affecter ses droits hypothécaires

(1) *Documents sur le rég. hypothécaire*, tome 2, p. 450.

par une affectation réelle, indépendante de toute obligation personnelle. Pourquoi forcer la femme à compromettre tout son patrimoine quand elle peut avoir des raisons si légitimes de n'engager qu'un élément déterminé de son avoir? — Pourquoi toutes ces préventions contre les stipulations relatives à l'hypothèque légale? — Pourquoi cette préoccupation d'une prétendue nécessité d'entraver la liberté des conventions translatives ou extinctives des droits de la femme sur le mari, quand ces conventions interviennent, non entre les deux époux, mais entre les époux et les tiers? — Serait-ce parce que nos Codes sont muets sur ces faits juridiques qui se sont multipliés sous l'empire des nécessités pratiques? — Serait-ce parce que les caractères et les effets de ce genre de stipulations n'ont pas été prévus, définis et même que le nom sous lequel elles sont le plus souvent indiquées, elles ne le tenaient pas de la loi avant la promulgation d'un décret tout récent?

Nous ne savons.

Ce qui est certain, c'est que parmi les vœux de réforme que M. Martin (du Nord) a fait si religieusement recueillir et qui sont aujourd'hui, comme un trésor pour la doctrine, il y en a un grand nombre qui ont les stipu- lations sur l'hypothèque légale pour objet.

Le désir de les réglementer, d'en préciser la valeur et la portée, de les renfermer en un mot, dans l'étreinte de textes législatifs s'est produit presque de toutes parts. Il y avait sans doute, en ces matières, une place et une grande place pour le pouvoir de la loi. Ainsi c'était incontestablement à la loi qu'il appartenait de restreindre la capacité de la femme, si elle jugeait que, pour ses droits hypothécaires, la femme devait être constituée dans une position exceptionnelle et dérobée de vive force à la liberté de son régime matrimonial.

C'était à la loi qu'il appartenait de décider si l'efficacité des affectations consenties aux tiers, sur les garanties de la femme, seraient subordonnées à la condition d'une inscription, parce que tout cela était affaire de commandement et de souveraineté.

Mais nous avouons que nous ne nous expliquons pas facilement qu'il y eût nécessité, nécessité sociale, d'attacher un même sens à ces stipulations, quelle que pût être la variété des formules adoptées par les contractants ; pourquoi décider à *priori* que *renonciations* à l'hypothèque, *cessions, subrogations, abdications* de tout genre non-seulement pouvaient ne constituer qu'un seul et même contrat, mais devaient être présumées, par une présomption invincible, excluant toute preuve contraire, ne

lire qu'une même chose, n'avoir qu'un même
but et que les mêmes conséquences ? — Pourquoi la loi offrirait-elle une convention toute
faite dont les parties ne pourraient s'écarter,
qu'elles seraient tenues de rejeter pour le tout
ou de s'approprier sans modification? — Parce que, disait-on, la différence des termes,
souvent due aux rédacteurs des actes, pouvait bien n'être pas un témoignage suffisant
de la volonté d'arriver à des résultats différents. C'était étouffer, comprimer toute expression d'intention sous prétexte d'une chance d'inexactitude dans cette expression.

Pourquoi même décider, *à priori*, quel
serait le sens de telle ou telle formule?

N'était-ce pas empiéter sur la mission du
jurisconsulte que d'interpréter par anticipation la convention des parties, et substituer une loi à la loi qu'elles devaient avoir
la liberté de se faire à elles-mêmes?

Les contrats sont, comme on l'a si bien
dit, ce que les fait la volonté licite des contractants, et leur véritable signification se
recherche; elle ne s'impose pas : « *In con*
» *trahendo quod agitur pro cauto haben*
» *dum est* (1). »

Incontestablement, si on eût législative-

_____

(1) Pomponius. L. 3. Dig. de Rebus creditis.

ment décidé, comme une Faculté de Droit le demandait, que toutes les *subrogations, cessions, renonciations* consenties par la femme, quelle que fût leur date, et si grand que fût leur nombre, ne donneraient qu'un droit de concurrence, c'est-à-dire que les femmes auraient le droit de réduire et presque d'anéantir, *ex post facto*, les conséquences des engagements antérieurs, cette solution, parce qu'elle aurait été écrite dans la loi, n'aurait pas cessé pour cela d'être une déduction illogique.

Sans doute, ceux qui auraient connu à l'avance cette solution, n'eussent pas pu compter sur une sécurité que la loi leur aurait refusée; mais n'auraient-ils pas eu à se plaindre de la violence que le législateur leur eût faite en se plaçant entre les deux volontés qui devaient constituer le contrat?—Aussi, les Commissions, si compétentes, dont les rapports ont préparé la discussion parlementaire, la Commission du Gouvernement, la Commission de l'Assemblée législative, la Commission du Conseil d'État, se sont-elles gardées, dans leurs propositions, de faire droit à des vœux qui exageraient le besoin de codification. Elles se sont bornées à s'occuper des conditions de forme, et surtout des conditions de publicité auxquelles l'efficacité des engagements des femmes sur leurs reprises seraient subordonnées ; et lors de la discussion , si pleine d'éclat , dans laquelle sur des questions qui *n'avaient pas de cocarde* , la Magistrature , l'École , le Barreau comptèrent entr'autres représentants MM. Dupin, de Vatimesnil et Rouher, MM. Demante et Valette, MM. Paillet, Crémieux et Michel (de Bourges) ; aucune voix ne s'éleva pour signaler, comme un oubli ou une lacune, le silence du projet sur l'interprétation de conventions qui s'étaient, dans le passé, développées sous l'empire du droit commun.

Est-ce à dire que les affectations consenties par la femme sur ses droits hypothécaires ne sont pas soumises à un ensemble de principes, de règles pouvant aider le jurisconsulte dans sa tâche d'interprète? — La raison et la logique ne sont-elles pas chargées de rechercher d'une part quelles sont les impossibilités légales devant lesquelles doit s'arrêter la volonté des contractants, d'autre part les éléments de justice ou d'utilité qui peuvent servir à jeter du jour sur cette volonté et ses véritables limites? — La raison et la logique n'ont-elles pas à découvrir à quel genre se rattachent, comme espèce, les contrats que les femmes mariées font sur leur hypothèque légale, quels sont les caractères communs qu'ils ont avec d'autres contrats et quels sont leurs caractères distinctifs? — Est-ce que la doctrine n'a pas beaucoup à tenter là où la loi n'a rien à faire? — Si une doctrine se trompe, on la corrige ; si elle dévie, on la redresse : elle propose, elle conseille, elle ne dispose pas. En un mot, elle présente des déductions qui n'ont d'autre autorité que celle que leur donne l'adhésion des convictions ; par la part d'erreur, comme par la part de vérité qu'elle peut contenir, la doctrine prépare, facilite les déductions exactes qu'elle a omises ou méconnues ; elle analyse les éléments dont se compose la convention ; elle essaie d'indiquer ce qui est de son essence, ce qui est seulement de sa nature et enfin ce qu'elle comporte d'accidentel ; elle rapproche cette convention des principes qui régissent les conventions de même famille ; elle recueille et contrôle les divers systèmes d'interprétation qui se sont produits, les traditions dont il se sont inspirés , les règles et les présomptions qu'ils ont essayé d'établir.

La doctrine sur les stipulations relatives à l'hypothèque légale a une sphère d'action d'autant plus large que, si nos codes les avaient prévues, ils avaient entendu les laisser au nombre des contrats innommés, c'est-à-dire au nombre des contrats qui ne relèvent que de la volonté des contractants, dominée seulement par les intérêts d'ordre public. Il s'agit d'une convention qui, affranchie de tout autre joug que celui résultant des principes généraux du droit, se prête, par sa souplesse, à toutes les combinaisons dont les intérêts les plus variés peuvent la faire l'expression.

Cette matière comporte donc, elle appelle même les développements doctrinaux. Mais si la doctrine avait beaucoup à faire, a-t-elle beaucoup fait ou au moins ne lui reste-t-il plus rien à entreprendre? Les meilleurs jurisconsultes, ceux dont les conventions relatives à l'hypothèque légale ont appelé l'attention, leur ont à peine consacré quelques pages. Comment, dans des œuvres qui embrassent l'ensemble du droit civil ou même dans un livre sur le titre des privilèges et hypothèques, accorder une large place à des questions qui, malgré leur importance, ne se lient directement à aucun texte spécial et ne peuvent s'enter que comme des accessoires sur le sujet principal?

La jurisprudence qui, d'ordinaire, livre à la doctrine des éléments si précieux, qui lui fait souvent des emprunts, mais qui lui rend avec usure, qui la féconde et qui, finalement, en dépit de quelques protestations altières, la juge et, à la longue, le plus souvent, quand elle est assise elle-même, la fixe, est sans doute d'un grand secours. Toutefois, sur ces matières, la jurisprudence s'est montrée pleine d'hésitation et ses solutions attestent une grande divergence d'idées.

N'est-ce pas une tâche utile que celle de réunir les principes qui doivent dominer l'interprétation d'une stipulation sur laquelle les opinions sont encore si peu arrêtées?

Ce travail de logique, de déduction patiente, n'a pas assez de généralité, assez d'éclat, pour tenter les maîtres de la science : il pouvait convenir à un praticien préoccupé de certaines difficultés spéciales, s'exagérant peut-être leur intérêt parce qu'il avait été longtemps en contact et aux prises avec elles.

Il y a dix ans, nous avons déjà, sous l'empire de cette préoccupation, choisi la subrogation à l'hypothèque légale comme sujet d'épreuve universitaire. Notre travail était, sans doute, fort incomplet : c'était une ébauche; mais elle formulait un système et le suivait dans quelques-unes de ses applications. Depuis cette époque, une étude plus approfondie et surtout l'inspiration des affaires qui révèlent si souvent le droit sous des faces nouvelles ont, tout en confirmant les idées fondamentales, étendu nos aperçus.

Nous avons repris notre ancien travail ; nous l'avons corrigé, développé et, dans quelques parties, refait avec l'espérance qu'il pourrait, malgré son imperfection, jeter du jour sur quelques-uns des points qu'il discute.

Le décret sur l'établissement des sociétés de Crédit foncier, dans son article 20, a donné sa sanction au contrat de subrogation à l'hypothèque légale, en ratifiant le nom qu'il avait reçu de la pratique, mais sans définir son caractère. Il donne peut-être de l'actualité et de l'à-propos aux questions que nous avons examinées.

Nous les avons classées sous quatre §§ :

1° Qu'est-ce que la subrogation à l'hypothèque légale ;

2° Sous quels régimes matrimoniaux les femmes ont-elles capacité pour subroger à l'hypothèque légale ;

3° Comment la subrogation s'opère-t-elle ;

4° Quels sont ses effets.

DE LA SUBROGATION

A L'HYPOTHÈQUE LÉGALE

DES

FEMMES MARIÉES.

§ Ier.

QU'EST-CE QUE LA SUBROGATION?

Sommaire.

1. Nature du droit résultant de la subrogation à l'hypothèque légale.
2. Inconvénients du nom donné à ce fait juridique.
3. L'hypothèque légale ne peut être cédée séparément de la créance qu'elle garantit.
4. Le subrogé à l'hypothèque légale n'est-il réputé saisi que des droits appartenant à la subrogeante sur les immeubles du mari?

5. Caractères qui prédominent dans la subrogation.

6. De quelles obligations la subrogation peut-elle être l'accessoire ?

7. Le nantissement qui résulte de la subrogation est-il mobilier ou immobilier ?

8. Hypothèses dans lesquelles il est évident que la subrogation emporte transmission des créances auxquelles l'hypothèque est attachée.

9. Réfutation de la théorie qui ne voit dans la subrogation à l'hypothèque légale qu'un transport de la garantie hypothécaire.

10. Si la femme ne peut transporter son hypothèque légale isolément du droit dont elle est la sûreté, elle peut l'anéantir pour affranchir les tiers de ses conséquences.

11. Opinion de MM. Championnière et Rigaud.

12. Objections contre cette opinion.

13. M. Valette partage l'opinion de MM. Championnière et Rigaud.

14. Objection formulée par M. Mourlon, contre la solution de M. Valette.

15. Théorie de Proudhon et théorie de MM. Aubry et Rau sur Zachariæ. — En quoi elles s'accordent; en quoi elles diffèrent.

16. Appréciation de ces théories.

17. Sens, d'après MM. Aubry et Rau, des renonciations *in favorem* à l'hypothèque légale, quand elles sont stipulées par des créanciers hypothécaires.

18. Objections.

19. Système de Deluca.

20. Appréciation.

21. Arrêts de la cour de Caen.

22. Renonciation au profit d'un acquéreur.

23. Théorie de M. Mourlon qui n'a qu'une simili-

tude apparente avec la théorie de la Cour de
Caen.

Différence entre la théorie des arrêts de la
Cour de Caen et la théorie de MM. Aubry et
Rau.

24. Si la renonciation *in favorem* n'est pas un transport de la créance, est-elle opposable à l'ayant-
cause à titre singulier de la femme?

25. Renonciation *in favorem* au profit d'un créancier chirographaire.

26. Solution de M. Mourlon dans cette hypothèse.

27. Appréciation de l'opinion de M. Mourlon.

28. Théorie de M. Mourlon appliquée à la renonciation *in favorem*, au profit de l'acquéreur
de l'immeuble du mari.

29. Objections.

30. Arrêts de la Cour de Caen dans le cas de renonciation à l'hypothèque légale au profit d'un
acquéreur.

31. Interprétation donnée par les Cours d'Amiens
et de Lyon, par la Cour de cassation, aux
renonciations à l'hypothèque légale, lorsqu'elles sont stipulées dans l'intérêt des acquéreurs des immeubles du mari.

32. M. Troplong rejette toutes distinctions entre les
renonciations *in favorem*, et les subrogations
à l'hypothèque légale. — Opinion peu explicite
de M. Grenier.

33. Quel est le système d'interprétation qui doit
prévaloir?

34. Projets de réforme; principales solutions proposées.

1. Quiconque s'oblige, oblige accessoirement ses biens présents et à venir : donc la femme en s'obligeant, oblige accessoirement, et comme partie intégrante de son patrimoine, les créances qu'elle porte ou pourra porter sur son mari, si la nature du régime matrimonial auquel elle s'est soumise ne rend pas ces créances inaliénables; affectées à ce droit de gage qui embrasse, aux termes de l'art. 2092 du Code Nap., l'ensemble de la fortune, plane sur lui, sans reposer, sans s'imprimer sur aucun objet individuellement, à ce droit de gage général, indéterminé, qui est une conséquence de l'obligation de la personne, ces créances sont la garantie de tous les tiers avec lesquels la femme a traité, et leur émolument se partage entre ceux-ci, sans égard aux dates, à la priorité des titres, c'est-à-dire par contribution. Mais la femme qui peut engager indirectement ses créances dotales, peut les engager directement, au lieu de les envelopper comme éléments de l'universalité de ses biens dans une affectation vague, profitant également à tous ceux qui l'ont pour obligée; elle peut les affecter d'une manière spéciale, en tout ou en partie, à une dette particulière, que cette dette soit la sienne propre, ou celle d'autrui. Cette affectation distincte, séparée

des créances de la femme, si différente de l'affectation de ces créances avec l'ensemble du patrimoine et comme en étant une fraction, est communément nommée *subrogation à l'hypothèque légale.*

2. Cette appellation, que la double consécration de la doctrine et de la pratique protége et impose en quelque sorte, n'a pas été sans contribuer à accréditer des idées qui nous semblent fausses, sur le fait juridique qu'elle a pour but d'exprimer. On a considéré que, par l'affectation dont il s'agit, la femme engage, non pas ses créances elles-mêmes, telles qu'elles sont, avec leurs prérogatives; mais bien ces prérogatives elles-mêmes qui se trouveraient ainsi détachées du corps dont elles faisaient partie et deviendraient la dépendance d'autres créances. Il faut l'avouer, le mot de *subrogation* qui, dans la spécialité de son acception, désigne la fiction légale en vertu de laquelle les attributs d'une créance éteinte lui survivent pour passer à la nouvelle créance qui lui est substituée, et la mention précise de l'hypothèque comme objet de la subrogation, sans aucun rappel du principal que cette hypothèque accompagne, étaient plutôt de nature à favoriser qu'à contrarier cette opinion sanctionnée de la

manière la plus explicite par un arrêt de Cour d'appel. (Sir. 33-2-626.)

3. Si imposant que soit ce précédent judiciaire, nous ne saurions admettre qu'il soit donné à la volonté de l'homme de faire subsister l'hypothèque à part, séparément du principal dont elle était l'accessoire, de la faire vivre, au moins un instant de raison, d'une vie à elle propre, pour la faire l'objet d'un contrat. Ce pouvoir n'appartient qu'à la volonté souveraine de la loi; il a été exercé dans les art. 1250, 1251 et 1278 du Code Napoléon : les art. 1250 et 1251, c'est l'ancien *beneficium cedendarum actionum*, limitativement déterminé. L'art. 1278 qui permet dans les cas de novation, par substitution d'une dette à une autre dette, sans changement de débiteur, d'attacher à la créance naissante des hypothèques plus anciennes qu'elle, est encore une faculté en dehors du droit commun, une création exorbitante. Mais ces exceptions, législativement introduites, ne peuvent être contractuellement étendues.

4. L'expression de *subrogation à l'hypothèque légale* de la femme est encore inexacte, à notre point de vue, en ce qu'elle induit à

croire que la subrogation est, dans son effet, nécessairement concentrée sur les immeubles du mari, et ne saurait autoriser le subrogé à atteindre les autres biens, de la même manière que le ferait la subrogeante. Veut-on dire que l'acquisition du droit de préférence et du droit de suite sur la fortune immobilière soit la considération prédominante dans la stipulation? On a raison, mais alors la pensée est-elle traduite sans équivoque?

5. Quoi qu'il en soit, nous n'oserions prendre sur nous de répudier une terminologie reçue; seulement, nous croyons devoir indiquer nettement le sens que nous lui donnons et qui lui a été donné avant nous. La subrogation à l'hypothèque légale de la femme, c'est, pour nous, l'engagement, non pas simplement de l'accessoire, de la sûreté hypothécaire, mais encore de la chose assurée; ce n'est pas que cette subrogation soit à proprement parler une cession des créances dotales. Toute cession à titre onéreux suppose essentiellement un prix, une somme d'argent, que le cessionnaire paie ou promet de payer comme équivalent du droit qu'il acquiert; il n'est ni de l'essence, ni de la nature de la subrogation de se faire, moyennant un prix.... Il n'est pas même indispensable que la femme

trouve un bénéfice, un avantage quelconque dans la subrogation. Qu'est-ce donc que notre subrogation? C'est un abandon éventuel par la femme de la totalité, ou seulement de partie de ses droits, sous la condition qu'ils lui demeureront, qu'elle pourra les exercer elle-même, si le subrogé n'en use pas, en telle sorte que celui-ci n'en est investi que comme d'un gage, d'un nantissement.

6. La femme peut consentir la subrogation aux droits qui lui appartiennent pour garantir une obligation personnelle, non commune à son mari, obligation qu'elle contracte ou a contractée antérieurement. Il n'importe que cette obligation soit hypothécaire ou qu'elle ne soit que chirographaire : sans doute toute obligation personnelle n'entraîne pas la subrogation, mais toute obligation est susceptible de l'acquérir accidentellement pour sûreté. La femme peut encore subroger pour garantir une obligation souscrite par son mari ; dans ces deux derniers cas, elle n'engage que les créances comprises dans la subrogation, sans s'engager personnellement, s'il n'est stipulé qu'elle s'engage elle-même avec elles. Ainsi, l'engagement de la personne n'est pas de l'essence de la subrogation ; la subrogation est un contrat réel, un contrat

accessoire, qui suppose une obligation à laquelle il accède, et dont il a pour but d'assurer l'exécution ; ce n'est pas un cautionnement, car le cautionnement est un contrat essentiellement personnel. C'est un acte qui participe tout à la fois du transport et du nantissement, mais dans lequel le caractère du transport prédomine.

7. Ce nantissement est-il mobilier ou immobilier ? Il est mobilier, suivant nous, puisqu'il porte sur des créances de sommes, c'est-à-dire sur des créances mobilières. Dans la doctrine qui admet la subrogation à l'hypothèque, en réservant à la femme ses droits de reprise, ce nantissement serait immobilier, puisque l'hypothèque, droit réel sur un immeuble, est immobilière par l'objet auquel elle s'applique.

8. Il est bien évident que la subrogation à l'hypothèque légale de la femme, quand elle est faite au profit de créanciers qui n'ont pas le mari pour obligé, emporte transmission des créances auxquelles cette hypothèque est attachée, car, en supposant pour un moment légalement possible la transmission de l'accessoire indépendamment du principal, de quelle utilité cette transmission serait-elle à celui en faveur de qui elle serait consentie ?

Pour que le subrogé devienne créancier sur le mari avec lequel il n'a pas traité, n'est-il pas indispensable que sa cédante cesse elle-même d'être créancière? Et qu'on ne croie pas répondre à cette objection, en disant que, dans cette hypothèse, le mari reste tenu personnellement envers sa femme, et n'est tenu que réellement envers le subrogé : est-ce donc qu'une obligation personnelle, hypothécaire de 40,000 fr., par exemple, peut, sans la volonté du débiteur, se diviser, ou plutôt se convertir en deux obligations, une obligation personnelle de cette somme et une obligation réelle du même chiffre? Le mari peut-il à la fois être chargé de la dette de la personne envers la subrogeante et, sur ses immeubles, d'une dette équipollente, égale, en vertu de la subrogation? — Pourrait-on insister et soutenir que le mari, en payant au tiers envers lequel il n'est pas obligé personnellement la dette dont il serait tenu réellement, deviendrait, *ipso facto*, créancier sur sa femme, du montant de son avance, et que cette créance se compenserait jusqu'à due concurrence contre sa dette dotale? On arriverait toujours ainsi à la perte de la créance pour la femme mais indirectement et *ex post facto*.—Pourquoi ne pas convenir bien plutôt que cette créance est *ab initio*

conditionnellement perdue pour la subrogeante, parce qu'elle en a fait la transmission éventuelle? — Entre ces deux points de
départ, la perte de la créance, par l'effet
d'un transport ou son extinction par l'effet
de la naissance ultérieure d'une dette, le
choix est bien important. Sans doute ces
deux points de départ peuvent conduire au
même résultat, si, lorsque le mari vient à
payer le subrogé, la créance personnelle de la
femme qu'on suppose n'avoir pas été virtuellement cédée avec son hypothèque repose encore sur sa tête; mais, dans le système de la
conservation de la créance personnelle, malgré
la subrogation, que deviendrait la ressource de
la compensation, si la femme avait aliéné cette
créance avant la réalisation du paiement du
subrogé par le mari?

9. Il faut donc reconnaître l'impossibilité
de faire profiter les tiers qui ne sont pas
porteurs d'obligations sur le mari d'une hypothèque isolée de la créance qu'elle inves-
tissait, et confesser que, dans ce cas au
moins, la subrogation comprend les droits
dotaux eux-mêmes. Mais alors la subrogation
serait transmissive de telle ou telle substance,
suivant que le subrogé serait ou ne serait
pas étranger au mari; une même expression

désignerait deux faits juridiques différents :
l'un, régulier, normal, application de ce principe : *creditor potest libere de ipso nomine
disponere, et illud, cum suis accessoriis;*
l'autre exorbitant, contraire à la raison et
à la nature des choses; la subrogation à l'hypothèque légale de la femme serait tantôt
une *cessio actionum*, et alors, nous l'a-
vouons, elle aurait d'autres rapports que
des rapports de nom avec la subrogation
des art. 1250 et 1251 du C. Nap., sans
pourtant être la même chose qu'elle ; et tantôt elle constituerait une *cessio nominis*,
c'est-à-dire une cession dont l'existence n'aurait pas besoin de s'enter sur une fiction...
Ce qui sans doute aura porté à penser que,
dans la subrogation en faveur du créancier
du mari, la subrogeante, en se dessaisissant
éventuellement de son hypothèque, reste
nantie de sa créance, c'est que, du fait même
de l'engagement qu'elle contracte, naît, *ex
nunc*, aussi éventuellement, en conformité
de l'art. 2135, n° 2, 3° alinéa du C. Nap.,
un droit nouveau dans lequel on a cru reconnaître le droit ancien de la perte duquel il est l'indemnité ; mais, en réalité, dans
cette hypothèse, comme dans l'hypothèse ou
la subrogation n'a pas pour objet la sûreté
d'une dette de mari, la créance dotale est

éventuellement transportée avec la prérogative hypothécaire ; seulement si le bénéfice
de ce transport est exercé par le cessionnaire
et que ce dernier emporte , du chef de la
femme , les deniers qu'elle aurait touchés ,
cessant l'existence de son abandon , celle-ci
acquiert , à titre de recours , sur son mari
dont elle acquitte l'obligation , une créance
qui n'existe que du jour de la subrogation
et qui n'est que contemporaine de l'hypothèque.

10. Incontestablement la femme peut bien
renoncer partiellement à son hypothèque ,
sans transmettre ses créances ; mais une semblable renonciation , au lieu d'avoir un effet
translatif, n'est et ne saurait être que purement extinctive ; cette renonciation ne détruit pas seulement la relation qui unissait
l'accessoire au principal, mais anéantit cet
accessoire lui-même ; elle est avantageuse
sans doute aux créanciers du débiteur dé-
chargé de l'hypothèque, mais le bénéfice en
est exclusivement recueilli par eux, à savoir
par les créanciers hypothécaires postérieurs,
ou, à défaut, par les créanciers chirographaires collectivement.

11. Deux jurisconsultes dont l'autorité est

imposante, MM. Championnière et Rigaud,
ont écrit dans leur traité des droits d'en-
registrement : « un droit d'hypothèque peut-
» être l'objet d'une cession, comme tout
» autre objet mobilier ou immobilier, et
» le transport peut en avoir lieu abstrac-
» tion faite de la créance à laquelle il est
» attaché. » (t. 2. n° 1135.)

12. Pour justifier cette proposition, MM.
Championnière et Rigaud, se prévalent de ce
que, dans le cas de paiement avec subrogation,
les accessoires de la créance en sont tellement
séparables qu'ils lui survivent ; mais cette vie
indépendante, donnée contrairement aux règles générales, est, comme ils l'ont si bien dit
eux-mêmes, l'œuvre de la volonté toute-puis-
sante de la loi, dont le but est de favoriser la
libération du débiteur. C'est une dérogation
aux principes, et cette dérogation n'existe que
sous les conditions auxquelles l'omnipotence
légale l'a subordonnée ; or la transmission de
l'hypothèque, indépendamment de la créance,
n'est autorisée qu'au profit de celui qui rem-
bourse cette créance. Cette transmission de
l'hypothèque, comme objet à part, a paru
si exorbitante dans les termes des art. 1250
et 1251 du Code Nap., au cas d'extinction par
le paiement de la créance à laquelle elle était

attachée, que les auteurs ont essayé d'établir
des distinctions entre les diverses espèces de
subrogation prévues par ces articles. M. Toul-
lier (tome 7, p. 143) et l'habile jurisconsulte
auquel il a légué le soin de le continuer,
(tome 2, *de la Vente*, p. 205) ne parais-
sent admettre la transmission de l'hypothèque, comme élément indépendant, que dans
le cas de subrogation légale ; ils considèrent
que la subrogation conventionnelle, par le
fait du créancier, emporte transmission de
la créance : quant à la subrogation conventionnelle par le fait du débiteur, ils sou-
tiennent que ce ne sont pas les accessoires
de l'ancienne créance, mais des droits pré-
cisément semblables, des droits également
puissants qui sont transmis à la créance nouvelle, à la condition toutefois que la position des tiers ne subisse aucune aggravation. MM. Championnière et Rigaud eux-
mêmes (tome 2, n° 1279), professent que
la subrogation conventionnelle, par le fait
du créancier, constitue un véritable transport de créance. Ainsi ce transport de garanties accessoires, abstraction faite du principal, a quelque chose de si peu rationnel,
que des esprits éminents s'ingénient à l'exclure

dans les cas mêmes où les dispositions de la loi semblent l'admettre.

13. M. Valette, dans son Traité des priviléges et hypothèques, page 209, professe que l'hypothèque peut être transmise par voie de cession, séparément de la créance à laquelle elle a été attachée.

« Nous pensons qu'aucune loi ne prohibant
» la cession d'un droit d'hypothèque, ce
» droit qui, en somme, est purement pécu-
» niaire, ne peut être mis hors du com-
» merce, mais qu'il est négociable et trans-
» missible; suivant nous, il y a lieu d'ap-
» pliquer ici l'adage : *qui peut le plus peut*
» *le moins* ; nul n'a intérêt ni qualité pour
» se plaindre de ce que la cession ne com-
» prend qu'un accessoire, un émolument de
» la créance, au lieu d'embrasser la créance
» tout entière. »

14. M. Mourlon a très-bien refuté la doctrine de M. Valette, Traité de la subrogation, page 585.

« Un créancier peut céder sa créance avec
» toutes ses garanties, tous ses accessoires,
» de quelque nature qu'ils soient, cautionne-
» ment, titre exécutoire, contrainte par
» corps : quelqu'un dira-t-il qu'il peut sépa-
» rer, par exemple, le droit de contrainte

» par corps qui en est la garantie, pour le
» rattacher à la créance d'un tiers appelé dé-
» sormais à l'exercer en son nom ? Qu'on
» cesse donc d'affirmer que le créancier qui
» peut céder sa créance, peut, *a fortiori*,
» céder son hypothèque détachée de sa
» créance. Objectera-t-on que la contrainte
» par corps n'est pas une garantie qui
» puisse adhérer à toute créance ? mais il
» en est de même des priviléges et hypo-
» thèques légales : ces garanties sont, en ef-
» fet, spéciales, attachées à certaines créan-
» ces déterminées et exceptionnelles. Si donc
» on veut, à toute force, que la cession de
» l'hypothèque soit licite, il faut alors, de
» toute nécessité, valider également la ces-
» sion de la contrainte par corps ; la cession
» d'un cautionnement devra également être
» considérée comme régulière, et cependant
» la loi la prohibe sinon expressément, au
» moins indirectement, lorsqu'elle déclare,
» qu'en cas de novation, le cautionnement ne
» peut pas, sans le consentement exprès de
» la caution, être rattaché à la créance
» nouvelle (Art. 1281). Enfin si les privilé-
» ges et hypothèques d'une créance qu'on
» éteint par novation faite entre un tiers et
» le créancier ne peuvent pas, sans le con-
» sentement formel du débiteur dont les

» biens en sont grevés, être réservés pour
» la garantie de la nouvelle créance (V. ar-
» ticle 1279), n'est-ce pas parce que, en
» principe, une hypothèque ne peut pas
» être, sans le consentement du débiteur,
» transportée d'une créance à une autre
» créance? La loi ne montre-t-elle pas, par
» toutes ces restrictions, que cette attribution
» des accessoires d'une créance à une autre
» créance, n'est licite que dans les cas spé-
» cialement déterminés? Ainsi, tant qu'on
» ne citera pas un texte qui permette à un
» créancier de séparer les priviléges et hy-
» pothèques de sa créance pour les rattacher
» au droit d'un nouveau créancier, je ne
» croirai pas que cette faculté existe. Qu'on
» ne dise pas que cette opération est licite
» par cela seul que la loi ne la défend pas;
» car, en ne la tolérant que pour certains
» cas déterminés, la loi la prohibe en gé-
» néral. Si elle la permet expressément dans
» ces cas exceptionnels, c'est qu'en principe
» elle n'est pas licite selon le droit com-
» mun. Enfin fût-elle licite selon le droit
» commun, elle devrait être déclarée illi-
» cite pour le cas spécial qui nous occupe,
» puisqu'en définitive ses résultats sont,
» sur tous les points, identiques à ceux
» qu'entraînait avec elle la théorie des hy-

» pothèques en sous-ordre que le Code a
» abrogée. «

Un arrêt de la Chambre des requêtes du 25
janvier 1853, rendu sur les conclusions de
M. Raynal, sous la présidence de M. Mesnard,
vient de consacrer le principe que l'hypothèque ne peut être détachée par voie de cession
de la créance dont elle est l'accessoire, le
moyen d'exécution, et ne saurait survivre à
cette créance, au profit et comme garantie
d'une autre créance. (Dalloz 1853-1-12).

15. L'opinion à laquelle nous avons cru
devoir donner quelque développement parce
qu'il s'agit d'un point qui, à nos yeux, est
capital, a été formulée, mais non discutée
par Proudhon (1) et par Zachariæ (2).

MM. Aubry et Rau (à la note) expliquent
très bien pourquoi l'hypothèque ne peut,
sans une déclaration expresse de la loi, être
détachée de la créance dont elle est la sûreté, pour être jointe à une autre créance.

Des différences profondes séparent cepen-

(1) Traité de l'usufruit, n° 2336.

(2) Cours de Droit civil et Hypothèques, tome 2,
§ 288.

dant la doctrine de M. Proudhon et la doctrine de MM. Aubry et Rau.

Suivant M. Proudhon, les renonciations *in favorem* à l'hypothèque légale ne se confondent pas avec les subrogations à cette hypothèque ; les renonciations *in favorem* ne donneraient, d'après le savant professeur de Dijon, quelle que fût leur date, à ceux au profit desquels elles interviendraient, que le droit de se partager par contribution l'émolument de l'hypothèque légale ; elles seraient, indépendamment d'une stipulation, la conséquence de tout engagement souscrit par une femme mariée.

« Une question qui se présente encore sur
» ce conflit d'intérêt des créanciers, consiste
» à savoir quel devrait être le sort de celui
» qui se présenterait avec un acte portant
» que la femme n'a pas seulement déclaré
» qu'elle entendait s'obliger personnellement
» pour la garantie de l'emprunt du mari,
» *mais qu'elle a renoncé à son hypothèque*
» *en faveur du prêteur* ; cette renonciation
» pourrait-elle être considérée comme équi-
» pollente à une cession ou à une subroga-
» tion d'hypothèque, et donner au créan-
» cier qui l'aurait obtenue un droit de pré-
» férence sur les autres ?

» Nous croyons que cette question doit

» être décidée dans un sens négatif, *parce*
» *qu'autre chose est de renoncer à l'exercice*
» *d'un droit et d'y renoncer même en fa-*
» *veur de quelqu'un, autre chose est de lui*
» *déléguer ou céder ce même droit, pour*
» *qu'il l'exerce à son profit sur des tiers.*
» La renonciation n'est par sa nature *que*
» *privative* pour celui qui la fait. Lui
» donner la force d'une cession de droits,
» ce serait étendre les effets au-delà de ce
» que comporte leur cause.

» En considérant la question de près, on
» ne peut s'empêcher de voir une différence
» bien marquée par la nature des choses,
» entre la subrogation conventionnelle et la
» simple renonciation. La subrogation opère
» un déplacement, puisqu'elle met l'un des
» contractants au lieu et place et dans les
» droits de l'autre. Les parties qui l'ont
» voulue ont donc voulu une mutation de
» droits. La renonciation, au contraire,
» n'est par elle-même qu'un acte d'absten-
» tion par lequel la femme promet de ne
» pas se prévaloir des avantages qu'elle pour-
» rait avoir sur le prêteur; il ne peut donc
» en résulter ni transport ni délégation de
» droits à faire valoir sur des tiers.

» S'il en était autrement, ou si la renon-
» ciation faite même *in favorem*, par la

» femme, pouvait être seule et par elle-même
» équipollente à la cession de ses droits, il en
» résulterait que les créanciers envers les-
» quels elle se serait personnellement obli-
» gée, ne pourraient jamais être forcés de
» venir par contribution; qu'au contraire,
» ils devraient venir successivement à la date
» de leur créance, et toujours les premiers
» par préférence aux autres. Car lorsque la
» femme contracte avec son mari, pour ga-
» rantir l'emprunt fait par celui-ci, il est
» certain qu'elle est censée renoncer à tous
» ses priviléges et hypothèques en faveur du
» prêteur, puisqu'elle est tenue de remplir
» son engagement sur tout ce qu'elle peut
» avoir (2092), et que le prêteur peut for-
» cément obtenir la subrogation judiciaire
» dans les droits de sa débitrice ; *or qu'une*
» *renonciation soit expresse, ou qu'elle ne*
» *soit que tacite, ce n'est toujours qu'une*
» *renonciation ; que les parties contrac-*
» *tantes en aient fait mention dans l'acte*
» *ou l'aient sous-entendue, elles n'ont tou-*
» *jours eu que la même volonté, parce qu'on*
» *veut ce qu'on sous-entend, comme on*
» *veut ce qu'on exprime. Mais puisqu'il*
» *n'est pas possible d'admettre ce système*
» *de préférence par dates, entre les créan-*
» *ciers qui n'ont pour eux que l'obligation*

» *personnelle de la femme, on est forcé*
» *d'arriver à cette conséquence, que la re-*
» *nonciation qu'elle peut avoir faite à ses*
» *hypothèques, en faveur d'un créancier,*
» *ne peut avoir seule et par elle-même les*
» *effets d'un transport qui lui donnerait*
» *un droit de préférence sur les autres. »* (1)

Dans ce système, les renonciations *in favorem* ne seraient autre chose que l'application du droit commun ; elles exprimeraient seulement la soumission aux art. 2092 et 2093 du Code Napoléon, et constitueraient si peu des abdications de la part de la femme, présentée comme renonçante, que les bénéficiaires ne se distribueraient la collocation à elle afférente que parce que cette collocation n'aurait pas cessé de lui appartenir et par suite continuerait d'être leur gage. Les renonciations *in favorem* ne seraient donc ni translatives ni extinctives. Ce système suppose que toute renonciation *in favorem* implique *une obligation personnelle* de la part de la femme renonçante envers le stipulant et il admet les bénéficiaires des renonciations et les créanciers qui ont la femme pour obligée, mais qui n'ont fait au-

(1) N° 2339.

cune stipulation relative à l'hypothèque légale, à partager la collocation au marc le
franc, en vertu de l'art. 1166 du Code
Napoléon : pas de distinction entre les renonciations au profit des créanciers hypothécaires et les renonciations au profit des
créanciers chirographaires. Mais d'abord la
femme ne peut-elle pas se borner à promettre
de ne pas se prévaloir de son hypothèque,
sans vouloir engager ses autres biens ? En
second lieu est-ce que la simple obligation
personnelle de la femme, sans stipulation
sur son hypothèque légale, l'empêcherait de
céder efficacement ses reprises avec l'hypothèque qui en est la sûreté ? En admettant
la négative, est-ce que la renonciation *in
favorem* n'enlèverait pas le droit de disposer de l'hypothèque abdiquée? comment assimiler à une simple obligation la renonciation au droit hypothécaire ?

Quand la femme renonce à son hypothèque légale, non plus au profit d'un créancier, mais au profit d'un acquéreur, et cela
en concourant à la vente, soit comme co-
venderesse, soit comme garante, M. Proudhon donne à la renonciation *in favorem*
une bien plus grande portée, et il lui reconnaît un véritable effet translatif.

« Mais s'il s'agissait du cas où une femme

» aurait comparu à une aliénation d'immeu-
» bles faite par son mari, pour y consentir,
» dans son intérêt propre, soit en se por-
» tant co-venderesse, soit en se rendant ga-
» rante de la vente, il ne faudrait pas juger
» des effets de sa coopération à l'acte de vente
» par les principes que nous avons expliqués
» sur son concours à un simple acte d'em-
» prunt dont elle se serait portée caution.
» Ici l'aliénation du fonds, consentie par les
» deux époux, opérerait nécessairement au
» profit de l'acquéreur, *le transport de tous*
» *les droits des vendeurs: la femme n'a-*
» *liénerait pas moins son droit d'hypothè-*
» *que sur le fonds vendu, que le mari son*
» *droit de propriété dans le même fonds,*
» *puisque l'acte de vente, consenti simul-*
» *tanément par eux, emporterait par sa*
» *nature la cession des droits que l'un et*
» *l'autre avaient dans la chose; et comme*
» *le mari ne pourrait plus aliéner ou en-*
» *gager efficacement, au profit d'un autre,*
» *la propriété cédée à ce premier acqué-*
» *reur; de même la femme ne pourrait*
» *plus céder ni engager à un autre bail-*
» *leur de fonds l'hypothèque qu'elle avait*
» *sur l'héritage vendu, et dont elle est res-*
» *tée dépouillée par l'acte de vente: cette*
» *espèce de cession est donc totalement dif-*

» *férente d'une simple obligation person-*
» *nelle que la femme aurait contractée*
» *par un acte d'emprunt fait avec son*
» *mari.* » (1)

16. Oui, sans doute, le concours de la
femme à la vente diffère d'une simple obligation personnelle qu'elle aurait contractée
avec son mari; mais en quoi le concours de
la femme à la vente diffère-t-il du concours
de la femme à une affectation hypothécaire?
Comment l'adhésion à l'hypothèque de l'emprunt n'emporterait-elle pas la même garantie que la présence à l'acte de vente? — Sous
le n° 2339, M. Proudhon ne suppose pas que
la femme s'est bornée à s'obliger personnellement avec le mari. — Il s'occupe du cas où
la femme a déclaré renoncer à son hypothèque en faveur du prêteur et il arrive à ne
donner aucun effet à cette renonciation, puisque, suivant lui, elle n'ajoute aucune force à
l'obligation personnelle. — Pourquoi la renonciation expresse n'aurait-elle pas autant
de valeur que la renonciation tacite qui résulte de l'intervention de la femme à la
vente ?

(1) N° 2340.

17. Zachariæ et MM. Aubry et Rau n'attribuent pas plus d'effet que M. Proudhon
aux renonciations *in favorem* quand elles
sont stipulées par des créanciers chirographaires ; mais, suivant ces jurisconsultes,
si la renonciation est faite en faveur d'un
créancier hypothécaire du mari, elle entraîne
au préjudice des créanciers hypothécaires intermédiaires, cession du rang de la femme
qui ne peut plus, par des renonciations postérieures, restreindre le bénéfice du droit de
priorité qu'elle a déjà transporté. Ils admettent aussi que ces renonciations impliquent
l'existence d'une obligation personnelle souscrite par la femme.

« Le créancier purement chirographaire
» au profit duquel la femme a renoncé à son
» hypothèque légale, n'acquiert aucun droit
» d'hypothèque par suite de cette renoncia-
» tion, *qui ne lui confère qu'un droit per-*
» *sonnel contre la femme.* Tous les créan-
» ciers chirographaires au profit desquels
» ont eu lieu de pareilles renonciations,
» se trouvent donc sur la même ligne,
» quelle que soit la date de la renonciation
» dont ils se prévalent. — Au contraire,
» lorsque la femme renonce à son hypothè-
» que légale dans l'intérêt d'un créancier
» hypothécaire du mari, la renonciation

» emporte virtuellement en faveur de ce
» créancier, cession de la priorité du rang
» hypothécaire appartenant à la femme. —
» Le droit de priorité qui fait l'objet de
» cette cession venant s'incorporer à un
» droit d'hypothèque préexistant, participe
» nécessairement de la nature de ce droit
» réel, et dès lors la femme ne peut plus
» en neutraliser les effets par de nouvelles
» renonciations. — C. pr., § 177. (Sur Za-
» chariæ, §§ 228, note 2.) »

18. Au premier aspect, il est difficile de
découvrir pourquoi, dans la doctrine de
MM. Aubry et Rau, la renonciation *in favorem* au profit d'un créancier chirographaire,
n'a aucun effet investitif, tandis que cet effet
se produit au profit d'un créancier hypothécaire.

Il semble que, dans les deux cas, le droit
de la femme est transporté. Non, disent
MM. Aubry et Rau, car, dans le cas où la
renonciation est stipulée par un créancier
chirographaire, le droit de préférence de la
femme, ne rencontre pas d'hypothèque à laquelle il puisse s'attacher. — Quand, au
contraire, la renonciation est stipulée par un
créancier hypothécaire, le droit de priorité,

qui fait l'objet de la cession, vient s'incorporer à une hypothèque préexistante.

Mais qu'est-ce que la cession d'un droit de priorité?—Si c'est la cession de la créance hypothécaire de la femme, cette cession est valable par elle-même; elle a une efficacité qui lui est propre; elle n'a pas besoin de trouver une hypothèque à fortifier. — Dès lors, elle peut intervenir utilement au profit d'un créancier chirographaire. — Il est bien évident que MM. Aubry et Rau n'attribuent pas à la cession de rang, à la cession de priorité, l'effet d'une cession de la créance hypothécaire de la femme, autrement leur distinction serait inexplicable. Cependant, la cession de priorité ne peut pas être pour eux la cession d'une hypothèque détachée de la créance, puisqu'ils n'admettent, pas plus que nous, que l'hypothèque, considérée comme ayant une existence solitaire, puisse être l'objet d'une transmission contractuelle. —D'ailleurs, si la cession d'une hypothèque, séparée de la créance dont elle était originairement la sûreté, était valable, pourquoi cette cession ne pourrait-elle être faite qu'au profit d'un créancier ayant déjà une hypothèque? — Cependant s'il n'y a pas de cession, comment l'ordre de date des renonciations faites au profit de divers créanciers hypothécaires dé-

termine-t-il l'ordre de préférence dans le cas
même où cet ordre est l'ordre inverse de
l'ordre des titres constitutifs de l'hypothèque?

19. Un autre système s'est produit; il
peut se résumer ainsi : — La femme qui renonce *in favorem*, ne cède pas éventuellement pour le tout ou pour partie sa créance
dotale; elle promet seulement au tiers avec
lequel elle contracte de ne pas se prévaloir
contre lui de son droit de préférence, de
ne pas requérir collocation à son préjudice ;
elle ne cède pas non plus son hypothèque
dont la transmission, comme objet indépendant, n'est possible qu'à la toute puissance
de la loi; mais elle s'engage à maintenir
cette hypothèque inactive, si l'intérêt du
stipulant l'exige ; elle ne confère pas à ce
dernier le droit de franchir les créanciers
qui la séparent de lui pour primer ceux
qu'elle primait elle même ; son abstention a
pour résultat, non d'intervertir l'ordre des
créanciers, mais seulement de les faire mon-
ter d'un rang. Les créanciers intermédiaires
profitent de cette stipulation qui leur est
étrangère, sans pouvoir toutefois l'opposer, si
celui qui l'a exigée n'en réclame pas l'exécution. En un mot, la renonciation *in favorem* serait une main-levée, une extinction

conditionnelle de l'hypothèque sur l'universalité des immeubles du mari ou sur des immeubles déterminés, une main-levée subordonnée à la volonté et à l'intérêt du stipulant.

Un fragment du jurisconsulte Paul (Dig. liv. 20, tit vɪ. frag. 12) semble jusqu'à certain point favoriser ce système: — « *Paulus* » *respondit : Sempronium antiquiorem cre-* » *ditorem consentientem, cum debitor eam-* » *dem rem tertio creditori obligaret , jus* » *suum pignoris remisisse videri, non etiam* » *tertium in locum ejus successisse, et ideo* » *mihi creditoris meliorem causam effec-* » *tam. Idem observandum est , etsi respu-* » *blica tertio loco crediderit.* »

Toutefois le jurisconsulte romain ne dit pas que l'extinction du droit de préférence n'était pas absolue, mais était subordonnée à l'intérêt du créancier qui l'avait stipulée.

Cette interprétation de la renonciation *in favorem* a été plus nettement formulée par un auteur que M. Troplong cite pour le réfuter, — Voici comment Ch. Ant. Deluca essayait de différencier la renonciation *in favorem* de la cession de la créance hypothécaire : — « *Censeo resolvendum quod si* · *mulier renuntiavit solum hypothecæ , is*

» *qui contraxit, excludet solum mulierem*
» *a dictis bonis, non creditores qui ante*
» *ipsum contraxerunt. — Si mulier fecit*
» *cessionem jurium, tum contrahens exclu-*
» *deret etiam creditores, quos mulier præ.*
» *cedebat ejus locum repræsentando. —*
» *Ita Cancerius n.ᵒˢ 120 et 121 , ubi ita ju-*
» *dicasse senatum refert.* » (1)

20. Les renonciations *in favorem* ne pourraient évidemment recevoir cette interprétation qu'autant qu'elles seraient consenties
au profit d'un créancier du mari ; consenties
à un tiers qui n'aurait pas le mari pour
obligé, elles seraient inutiles si elles n'é-
taient translatives des droits de la femme.—
Mais elles pourraient être utilement faites
au profit d'un créancier du mari, que ce fût
un créancier hypothécaire ou un créancier
chirographaire.

La distinction de MM. Aubry et Rau ne
serait pas applicable.

Ce système est à nos yeux susceptible de
beaucoup d'objections.—Nous croyons que
la loi qui l'imposerait comme une présomption de volonté ferait en général violence à

(1) Voir M. Troplong, des hypothèques, nᵒ 600.

l'intention des parties et à la vérité : faites
dans un intérêt individuel, les renonciations *in favorem* ne doivent profiter qu'à
cet intérêt ; le stipulant n'a-t-il pas dû vouloir s'assurer une protection exclusivement
aux créanciers qui le priment et qui sont
primés par la femme ? — N'est-il pas difficile de penser qu'il ait entendu stipuler
d'abord pour des tiers et subsidiairement
pour lui, même avec la faculté de priver
les tiers du bénéfice de la renonciation en
le répudiant pour lui personnellement ? — Il
en est des conventions comme des jugements.
—Elles ne peuvent ni nuire ni servir aux
personnes qui y ont été étrangères.—« *Nec*
» *paciscendo, nec legem dicendo, nec*
» *stipulando quisquam alteri cavere po-*
» *test.* » (1)
(Art. 1165 C. Nap. v. toutefois art. 1121).

Sans doute on obtient quelquefois à l'oc-
casion d'un tiers un bénéfice qu'on n'obtien-
tiendrait pas directement et par soi-même ;
c'est là une exception. Mais, ici on doit être
d'autant plus porté à repousser l'exception que
les créanciers placés entre la femme renonçante et le stipulant profiteraient avant celui-

---

(1) Fragm. 73, Dig. de reg. Juris. § 4.

ci. Le stipulant ne profiterait qu'accessoirement à eux, après eux et en quelque sorte
indirectement. L'intérêt de la femme aurait
beaucoup à souffrir du système d'interprétation que nous combattons.

Supposons qu'une femme ait 90,000 fr.
de reprises : — le mari a consenti pour
80,000 fr. d'hypothèques postérieures à l'hypothèque légale ; — le mari fait un nouvel
emprunt de 10,000 fr. ; — le prêteur exige
une renonciation *in favorem* à l'hypothèque légale ; — plus tard l'immeuble est vendu 90,000 fr.

Si l'interprétation que nous repoussons
prévaut, la femme perd 90,000 fr.—En effet,
le stipulant aura intérêt à invoquer la promesse d'abstention de la femme. — Les
80,000 fr. d'hypothèques intermédiaires le
primeront, mais il viendra en ordre utile
pour 10,000 fr.

Si la renonciation *in favorem* est réputée une cession des reprises de la femme,
celle-ci ne perdra que 10,000 fr. Elle sera
colloquée de 80,000 fr. et les créanciers intermédiaires qui, en effet, ne devaient rien
avoir, n'obtiendront aucune collocation.

21. La Cour de Caen, tout en refusant le

caractère de la subrogation à la renonciation *in favorem* , semble avoir pris à tâche de se dérober aux objections qui précèdent : la renonciation *in favorem* ne serait pas une main-levée absolue, profitant à tous les créanciers et soumise seulement à la condition qu'elle offrit un avantage à celui qui l'a stipulée. — Ce serait une main-levée toute relative, n'ayant d'effet qu'entre la femme et le stipulant et n'assurant à celui-ci que la somme qui resterait libre après l'acquit des créances hypothécaires intermédiaires, si l'hypothèque légale était condamnée à l'inaction.

Reprenons l'espèce que nous examinions tout-à-l'heure : — 90,000 fr. de reprises ; — 80,000 fr. d'hypothèques postérieures ; — renonciation *in favorem* au profit d'un créancier de 10,000 fr.

L'immeuble hypothéqué est vendu 90,000 f. Le bénéficiaire de la renonciation aura 10,000 fr.

Dans cette espèce , la renonciation *in favorem* aura le même effet qu'une cession de 10,000 fr. sur les reprises. Mais il n'en sera pas toujours ainsi : — Supposons que le bénéficiaire de la renonciation soit créancier de 20,000 fr. ; s'il était considéré comme cessionnaire des créances de la femme jusqu'à concurrence de 20,000 fr., il réduirait la

f

collocation de sa cédante à 70,000 fr. ; il
prélèverait , lui, sa créance entière.

Dans le système que nous exposons, la
femme sera colloquée de 80,000 fr. et non
de 70,000 fr.—Le créancier qui a stipulé
la renonciation n'obtiendra que 10,000 fr.
sur sa créance, parce qu'en faisant abstraction de l'hypothèque légale, il serait primé
par 80,000 fr. de créances intermédiaires.

Or la femme renonçante ne lui a promis
qu'une chose, son abstention, dans la mesure du préjudice que lui causerait sa collocation ; mais, jusqu'à concurrence de
80,000 fr. , le préjudice était un préjudice
fatal. Qu'importe au bénéficiaire de la renonciation que le prélèvement de ces 80,000 f.
soit fait par la femme ou par les créanciers
qui sont entre elle et lui ? — En s'abstenant
jusqu'à concurrence de 10,000 fr. elle acquitte sa promesse de ne pas lui nuire. —
C'est ce résultat seulement que la femme est
réputée , en renonçant à son hypothèque ,
avoir voulu assurer.

Cette dernière interprétation des renonciations *in favorem* est celle qu'un arrêt iné-
dit du 2 mai 1835 de la Cour de Caen , 2e
chambre , a consacrée sous la présidence de
M. Dupont-Longrais.

Voici l'espèce sur laquelle cet arrêt remarquable a statué :

Le sieur Lepetit , grevé d'une hypothèque légale au profit de ses enfants , fit un emprunt aux époux Tétrel et leur consentit une hypothèque. Les enfants Lepetit s'engagèrent solidairement avec leur père et ne se réservèrent pas leur droit de priorité. Plus tard , les enfants Lepetit cédèrent leur créance hypothécaire contre leur père à un sieur Leguédois.

Les époux Tétrel prétendirent que l'obligation des enfants Lepetit et leur concours à l'affectation hypothécaire donné par leur père équivalait à une véritable cession de la créance qu'ils portaient sur ce dernier.

La Cour rejeta ce système. — Mais elle déclara que l'approbation donnée par les enfants Lepetit à l'hypothèque consentie par Lepetit, père , était au moins une renonciation à faire valoir leur hypothèque légale au préjudice des époux Tétrel ; que c'était une extinction , une main-levée qu'ils en avaient consentie et que le rang des époux Tétrel devait être fixé comme si l'hypothèque des enfants Lepetit n'existait pas.

« Considérant qu'il ne peut s'agir ici d'une subrogation proprement dite à l'hypothèque légale des enfants Lepetit au profit des époux

Tétrel puisque ceux-ci n'ont point payé la créance dont cette hypothèque était l'accessoire et qu'ils ne se trouvent dans aucun des cas prévus par les art. 1249 et suiv. du C. civ.

» Considérant que, par leur accession solidaire aux engagements contractés et à l'hypothèque consentie par Lepetit, père dans l'acte du 13 avril 1828, les enfants Lepetit se sont obligés à faire valoir cette dernière hypothèque et même à exécuter de leur chef les engagements pour la garantie desquels elle a été créée ; mais que leur obligation à cet égard n'est qu'une obligation personnelle à l'accomplissement de laquelle leurs biens ou leurs droits ne peuvent être affectés d'une manière réelle que par une stipulation intervenue à cet effet ; qu'*ainsi l'hypothèque légale qu'ils avaient sur les biens de leur père ne saurait être réputée avoir été transmise aux époux Tétrel ou affectés par une sorte d'impignoration aux droits de ceux-ci qu'autant qu'il y en aurait en convention expresse ou tacite*;

» Considérant qu'inutilement on prétend faire sortir cette convention de la clause de l'acte du 13 mai pour laquelle les enfants Lepetit, ainsi que leur père, *obligent et engagent tous leurs biens meubles et revenus actuels et futurs à la sûreté du service et paiement exact de la rente dont il s'agit* en même temps qu'ils y affectent par hypothèque spéciale des immeubles désignés, car cette clause qui n'est, par rapport aux biens meubles des obligés, que la répétition de l'art. 2092 du C. civ., n'a pas eu plus de force pour produire une affectation réelle ou une transmission de l'hypothèque légale des enfants Lepetit à la créance des époux Tétrel qu'elle n'en a eu quant à toute autre partie du mobilier desdits enfants Lepetit.

» Considérant qu'il n'est pas plus juste de soutenir qu'une pareille convention serait une des suites que l'équité donnerait à l'obligation ; que c'est bien en effet une des suites équitables d'un engagement quelconque qu'il emporte avec lui tout ce qui est nécessaire à son exécution ; mais que cela ne va pas jusqu'à dire que parce qu'il serait utile à sa garantie qu'une hypothèque préférable dépendant d'une autre créance appartenant à celui qui s'oblige, y fut adjointe, *il y aurait cession tacite de la créance préférable dans l'intérêt de la solidité de l'engagement actuellement contracté*; que vouloir pousser jusqu'à ce point l'application de l'art. 1135 du C. civ. serait ouvrir une large porte à l'arbitraire, ramener les impignorations tacites

et jeter la jurisprudence dans cet état d'embarras et de confusion où elle ne manque pas
de tomber toutes les fois que, sous des pré-
textes plus ou moins spécieux d'équité, elle
fait dévier la loi de sa marche conséquente
pour remplacer la simplicité de ses déductions logiques par les capricieuses et innom-
brables distinctions des cas particuliers.

» Considérant qu'en décidant que l'adhésion solidaire des enfants Lepetit à la constitution d'hypothèque faite par Lepetit, père,
sur son immeuble personnel envers les époux
Tétrel, n'a pas suffi pour ajouter à cette hypothèque les sûretés attachées à la créance des
enfants Lepetit, on n'en doit pas moins reconnaître que par cela même que lesdits enfants Lepetit se sont rendus propres les engagements de leur père, ils ont renoncé à faire
valoir contre ce dernier les droits dont l'existence empêcherait l'hypothèque des époux
Tétrel, et que par rapport auxdits époux
Tétrel, ils sont par conséquent censés avoir
consenti que leur hypothèque légale fût considérée comme si elle n'existait pas ou comme
s'ils en avaient donné mainlevée, d'où il
suit que quand ils ont transmis cette hypothèque à Leguedois, ils n'ont pu le faire
qu'à la charge par celui-ci de souffrir que le

rang des époux Tétrel soit fixé en en faisant
abstraction complète ;

» Considérant que du moment qu'il est
jugé que l'acte du 13 avril 1828 ne ren-
ferme ni transmission, ni impignoration
de la créance des enfants Lepetit au bénéfice
des époux Tétrel, il en résulte que cette
créance est restée susceptible d'être cédée
par les enfants Lepetit à un tiers, qu'ils
ont donc pu en faire un transport valable
au profit de Leguedois.

» Considérant qu'à la vérité Leguedois
ne peut s'éjouir de ladite créance qu'en res-
pectant, comme on l'a dit, la renonciation
faite par les enfants Lepetit, à s'en prévaloir
au préjudice du rang appartenant aux époux
Tétrel en vertu de l'hypothèque propre de
ces derniers ; *mais que cette renonciation
n'ayant été passée qu'en faveur des époux
Tétrel, a produit son effet dès qu'ils sont
colloqués, comme si l'hypothèque légale des
enfants Lepetit ne les primait pas ;* et
qu'il n'y a pas de motifs pour contester à
Leguedois le droit de réclamer au lieu et
place des créanciers hypothécaires de Lepetit
père, antérieurs aux époux Tétrel et non
obligés envers ceux-ci par l'acte du 13 avril,
la préférence qui lui appartient sur eux
comme cédé aux droits des enfants Lepetit,

puisque par là il ne préjudicie qu'aux dits créanciers et ne prend que ce qu'ils auraient touché avant les époux Tétrel dans le cas de la disparition absolue de toute hypothèque légale des enfants Lepetit. •

Deux autres arrêts de la cour de Caen, l'un du 3 mai 1852, de la première chambre, l'autre, du 9 février 1853 de la 4ᵉ chambre. ont admis la même interprétation. (Jurisprudence des cours de Caen et de Rouen, 1852, page 161.)

22. Faite au profit d'un acquéreur du mari, la renonciation *in favorem* aurait, dans le système de la Cour de Caen, la même portée, c'est-à-dire qu'elle empêcherait la femme d'exercer son hypothèque légale, en tant que cette hypothèque causerait au stipulant un préjudice qui ne résulterait pas de l'ensemble des autres droits hypothécaires.

23. M. Mourlon, dans l'appendice de son traité des subrogations personnelles (1) a exposé un système qui, au premier abord, paraît beaucoup se raprocher du système de l'arrêt du 2 mai 1835, mais qui, dans la réalité, en diffère essentiellement, puisque,

(1) Pages 605 et 606.

par ses résultats, il se confond avec la théorie d'après laquelle la renonciation *in favorem* constitue une véritable cession de
créance.

« La renonciation faite au profit d'un
» créancier hypothécaire produit un dou-
» ble effet : elle éteint d'une part l'hy-
» pothèque de la femme, *dans la limite de
» ce qui est dû au créancier dans l'inté-
» rêt duquel elle est faite*; elle améliore,
» elle étend d'autre part l'hypothèque de ce
» dernier; car chaque hypothèque portant
» indivisément sur tout l'immeuble, l'ex-
» tinction de l'une étend nécessairement,
» par une espèce de *jus accrescendi*, cha-
» cune de celles qu'elle primait. De là il ré-
» sulte que le droit abandonné par la femme
» s'est incorporé au droit d'hypothèque du
» créancier au profit duquel elle a renoncé.
» Celui-ci a, par conséquent, *un droit ex-
» clusif au montant de la collocation qui
» eût été attribuée à la femme si elle n'eût
» pas renoncé*, droit réel ou d'hypothèque
» que la femme ne peut plus lui enlever par
» des renonciations postérieures.

» Toutefois, l'extinction de l'hypothèque,
» résultant d'une renonciation consentie dans
» l'intérêt d'un créancier, ne doit profiter
» qu'à lui; c'est une extinction relative,

» qui n'est réputée exister qu'au profit du
» créancier qui l'a obtenue.

» De là, il suit que les hypothèques ins-
» crites avant celle du créancier dans l'in-
» térêt duquel la renonciation a été faite,
» ne s'améliorent pas par suite de la renon-
» ciation, ne frappent pas la portion d'im-
» meuble devenue libre par suite de l'ex-
» tinction de l'hypothèque du renonçant.

» En un mot, la portion d'immeuble que
» la renonciation laisse libre *entre exclusi-*
» *vement dans l'hypothèque du créancier*
» *au profit duquel la renonciation a été*
» *faite.*

» Ces principes étant bien compris, nous
» n'aurons pas de peine à résoudre les es-
» pèces qui peuvent se présenter :

» 1° La femme renonce au profit du pre-
» mier créancier hypothécaire venant im-
» médiatement après elle : c'est le cas le plus
» simple. La femme devenue créancier chi-
» rographaire dans ses rapports avec *Primus*
» sera nécessairement exclue par lui. Mais la
» renonciation qu'elle a faite n'est pas abso-
» lue; elle a dit à *Primus:* Je ne vous oppo-
» serai pas mon hypothèque ; j'y renonce
» dans votre intérêt. Je consens à être trai-
» tée comme créancier chirographaire dans
» mes rapports avec vous. Ce traité est à l'é-

» gard des tiers, *res inter alios acta*; c'est
» donc uniquement dans l'intérêt de *Pri-*
» *mus* que son hypothèque est réputée inexis-
» tante ; à l'égard de tous autres, elle la
» conserve intacte. Ainsi elle primera tous
» les créanciers chirographaires et les créan-
» ciers hypothécaires dans un rang inférieur
» à celui qu'elle occupe :

» 2. Entre elle et le créancier hypothé-
» caire au profit duquel elle renonce, se
» place un autre créancier hypothécaire in-
» termédiaire. Je prends une espèce : La
» femme a une créance dotale de 3,000 fr.
» postérieurement au mariage ; son mari
» emprunte successivement et chaque fois
» avec hypothèque 1,500 fr. à *Primus*, qui
» s'est inscrit en 1840 ; 1,500 fr. à *Secun-*
» *dus*, qui s'est inscrit en 1841 ; la femme
» a renoncé à son hypothèque dans l'intérêt
» de *Secundus :* cette renonciation, en étei-
» gnant l'hypothèque de la femme, a éten-
» du, amélioré celle de *Secundus;* l'hypothè-
» que de *Primus*, au contraire, est restée
» dans le même état, car, à son égard, l'hy-
» pothèque de de la femme continue d'exis-
» ter et lui fait obstacle. *Secundus primera*
» donc, d'une part, la femme qui, dans ses
» rapports avec lui, n'est qu'un pur chi-
» rographaire ; et, *d'autre part, le créan-*

» *cier* Primus, *en vertu de sa propre hy-*
» *pothèque qui s'est accrue du droit de pré-*
» *férence que la femme avait sur tous.*

» Si donc nous supposons que le prix de
» l'immeuble est de 4,000 fr. , *Secundus*
» sera colloqué pour 1,500 fr., il sera inté-
» gralement payé. Quant à la femme , son
» hypothèque n'étant éteinte que dans la li-
» mite de ce qui était dû à *Secundus* , elle
» peut se présenter à l'ordre au rang de son
» hypothèque , jusqu'à concurrence de sa
» créance, déduction faite du dividende at-
» tribué à *Secundus* , c'est-à-dire jusqu'à
» concurrence de 1,500 fr. ; dans l'espèce.
» elle sera donc colloquée pour cette somme.
» Les 1,000 fr. restants seront attribués à
» *Primus.*

» Le prix à distribuer est-il de 3,000 fr.,
» *primus ne viendra pas en ordre utile. En-*
» *fin est-il de 1,500 fr. seulement ,* Secun-
» dus *sera seul colloqué. La femme et* Pri-
» mus *ne viendront pas en ordre utile.*

» On voit que, dans toutes les hypothèses
» possibles , la renonciation ne nuit ni ne
» profite à *Primus* , créancier hypothécaire
» intermédiaire , puisqu'on en fait abstrac-
» tion à son égard ; elle profite au contraire
» à *Secundus* , dans l'intérêt duquel elle a
» été consentie , car il est payé intégrale-

» ment, tandis qu'il ne fût pas venu en ordre
» utile si la femme n'eût pas renoncé au
» droit de se prévaloir de l'avantage qu'elle
» avait sur lui.

» 3° La femme renonce au profit de plu-
» sieurs créanciers hypothécaires : si la re-
» nonciation a été faite en même temps par
» un seul et même acte, et qu'ils soient
» tous inscrits à la même date, ils concou-
» rent entre eux, cela est évident.

» S'ils sont tous inscrits à la même date,
» et que la renonciation ait été faite suc-
» cessivement par des actes séparés, le con-
» cours n'est plus possible : celui qui a ob-
» tenu la première renonciation exclut les
» autres, car son hypothèque a frappé, seule,
» d'abord la portion d'immeuble qui a été
» affranchie de l'hypothèque abandonnée
» par la femme ; lui seul a eu un droit d'hy-
» pothèque sur cette portion restée libre,
» lui seul, puisqu'à l'égard des autres, elle
» n'était pas encore libre. La renonciation
» que la femme a plus tard consentie aux au-
» tres créanciers a eu également pour résul-
» tat d'améliorer leurs hypothèques ; mais
» elle n'a pas pu les étendre au préjudice de
» l'hypothèque du premier, car, à son égard,
» les renonciations postérieures à celles qu'il

» a lui-même obtenues, sont *res inter alios*
» *acta.*

» S'ils sont inscrits à des dates différen-
» tes, et que les renonciations s'échelonnent
» dans un ordre correspondant à celui qui
» existe entre les inscriptions des créanciers,
» la collocation doit se faire entre eux, sui-
» vant la date des inscriptions de leurs hy-
» pothèques personnelles, ou, ce qui revient
» au même, suivant la date des renoncia-
» tions.

» *Enfin, si les renonciations sont dans*
» *un ordre inverse à celui des inscriptions :*
» *si c'est au profit du créancier dernier*
» *inscrit que la première renonciation a*
» *été faite, l'antériorité de la renonciation*
» *détermine la préférence : en sorte que ce-*
» *lui qui a obtenu la première, prime ce-*
» *lui qui a obtenu la seconde, lors même*
» *que son hypothèque se trouve dans un rang*
» *inférieur à celle du créancier dans l'in-*
» *térêt duquel la seconde renonciation a*
» *été consentie.* En d'autres termes, les
» droits du créancier qui a obtenu la pre-
» mière renonciation doivent être détermi-
» nés, à l'égard de celui qui a obtenu la se-
» conde, en faisant abstraction de celle-ci,
» car, à son égard, elle est *res inter alios*
» *acta.*

« *Ainsi la renonciation consentie au pro-*
« *fit d'un créancier hypothécaire produit,*
» *bien qu'elle ne soit pas translative du*
« *droit abandonné, un résultat analogue à*
» *celui que produirait la cession.* »

23. La troisième hypothèse prévue par
M. Mourlon fait très-bien comprendre la
différence entre la théorie de cet auteur et
la théorie de l'arrêt Le Guédois.

Dans cette dernière théorie, *Secundus*
n'obtiendrait aucune collocation ; en effet,
la présence de la femme à l'ordre ne lui cause aucun dommage, — que lui importe que le
prix de 1,500 fr. soit emporté par *Primus*
qui lui est préférable ou par la femme, en
vertu de son hypothèque légale.

Pour bien comprendre combien le système
de la Cour de Caen diffère du système de
Zachariæ et de MM. Aubry et Rau, même
dans le cas où les bénéficiaires des renonciations sont des créanciers hypothécaires, prenons une espèce :

L'hypothèque légale de la femme est la
première en ordre. Elle garantit une reprise
de 30,000 fr. Elle prime trois hypothèques
de diverses dates au profit de trois créanciers, *Primus*, *Secundus*, *Tertius*, qui
ont chacun une créance de 20,000 fr.

La femme renonce d'abord à son hypothèque, au profit du créancier *Tertius*: elle fait ensuite la même renonciation au profit de l'avant-dernier créancier *Secundus*: l'immeuble, grevé de quatre hypothèques, est vendu 40,000 fr; à l'égard de *Primus*, il n'y a pas de renonciation. La femme est colloquée de 30,000 fr.; *Secundus*, créancier, ne peut donc recevoir que 10,000 fr.; quant au dernier créancier, *Tertius*, c'est lui qui a obtenu la première renonciation, mais l'abstention de la femme ne lui serait d'aucun secours; il serait primé, en faisant abstraction de l'hypothèque légale, par deux créances formant ensemble un chiffre de 40,000 fr., c'est-à-dire un chiffre absorbant le prix à distribuer. Or la renonciation est réputée subordonnée à son intérêt et n'avoir d'autre mesure que cet intérêt, elle est donc pour lui non avenue.

Secundus a, au contraire, intérêt à écarter la femme; en effet, si la femme n'avait pas d'hypothèque légale, il obtiendrait 20,000 fr., donc la renonciation a pu être efficacement stipulée par lui. Mais il est censé ne l'avoir stipulée que dans la mesure de son intérêt, et il ne peut demander à la femme renonçante au-delà de ce qu'il eût eu si l'hypothèque légale n'eût pas existé; il ne devra

donc recevoir que les 10,000 fr. qui resteraient libres si *Primus* était colloqué de
20,000 fr. ; il est vrai que *Primus* n'est
colloqué que de 10,000 fr. — Oui , mais
qu'importe ? la perte que l'hypothèque légale
cause à *Primus* , qui n'a pas stipulé de renonciation , ne saurait profiter à *Secundus* ,
qui ne doit recueillir d'autre avantage que
celui résultant de l'inertie de l'hypothèque , jusqu'à concurrence de l'intérêt qu'il
peut avoir à cette inertie. — Or , cet intérêt
n'est que de 10,000 fr. — La femme conservera les 10,000 fr. , parce qu'à raison de
ces 10,000 fr. elle ne cause de préjudice qu'à
Primus auquel elle n'a rien promis.

Dans le système de Zachariæ et de MM.
Aubry et Rau , *Tertius* recevra 20,000 fr. ,
Secundus 10,000 fr. , et la femme n'ob-
tiendra aucune collocation.

Mais, dans ce système, c'est donc que les
renonciations en faveur de créanciers hypothécaires impliquent la cession des créances
de la renonçante , et alors la logique impose la nécessité de s'attacher à l'ordre de
date des cessions ; mais si la renonciation
in favorem est une cession , pourquoi , entre créanciers chirographaires du mari ,
qui ont obtenu renonciation , ne pas donner
la préférence au premier cessionnaire ?

Le système de M. Mourlon, dans cette espèce, semble conduire au même résultat que le système de Zachariæ et de ses deux savants annotateurs.

24. La promesse d'abstention toute relative que la Cour de Caen voit dans la renonciation *in favorem* au profit d'un créancier hypothécaire du mari serait-elle opposable aux ayant-cause à titre singulier de la femme ? Empêcherait-elle l'efficacité d'une subrogation postérieure? Oui, elle constituerait une extinction totale ou partielle, sous condition, de l'hypothèque légale. — Elle ne constituerait pas seulement une simple obligation ne liant que la renonçante et ses représentants à titre universel.

Telle est la solution admise par la Cour de Caen dans l'arrêt précité du 2 mai 1835, et dans un autre arrêt du 3 mai 1852.

25. Dans le système de l'arrêt Leguédois, quelle sera la portée de la renonciation *in favorem*, quand elle sera faite dans l'intérêt d'un créancier chirographaire? — La femme renonçante sera-t-elle censée avoir abdiqué son droit de concurrence avec le bénéficiaire de la renonciation? Sera-t-elle, au

contraire, admise à réclamer son marc le
franc, à savoir, dans le cas où il n'existerait pas d'hypothèque postérieure à la sienne,
sur la totalité de la collocation que lui assurerait son hypothèque ; et dans le cas de
créance hypothécaire postérieure, sur la partie de la collocation dont elle a perdu le
droit de réclamer l'attribution.

La Cour de Caen n'a pas eu, au moins à
notre connaissance, à statuer sur cette question qui nous semble n'avoir été traitée que
par M. Mourlon (1).

26. Cet auteur accorde à la femme qui renonce à son hypothèque, en faveur d'un créancier chirographaire, le droit de concourir
avec lui ; — la femme n'est réputée abdiquer
que son droit de préférence et encore cette
abdication reste-t-elle sans influence sur le
sort des créanciers hypothécaires. M. Mourlon applique sa solution dans trois hypothèses
qu'il importe de reproduire.

« Renonciation au profit d'un ou de plu-
» sieurs créanciers chirographaires.

» La femme qui renonce à son hypothèque
» légale dans l'intérêt d'un créancier chiro-
» graphaire de son mari, se trouve ran-

(1) Page 603.

» gée, dans ses rapports avec ce créancier ;
» dans la classe des créanciers chirographai-
» res ; elle doit donc concourir avec lui et
» non l'exclure. Elle reste, au contraire,
» parmi les créanciers hypothécaires, dans
» ses rapports avec ceux qui n'ont pas été
» parties dans la renonciation.

» Ainsi la renonciation ne peut profiter
» qu'au créancier qui l'a obtenue; à l'égard
» des autres, elle est *res inter alios acta.*

» La femme a constitué en dot 3,000 fr. ;
» postérieurement au mariage le mari em-
» prunte 1,500 fr. à *Primus*, avec hypo-
» thèque, et postérieurement à cet em-
» prunt, 1,500 fr. à *Secundus*, qui n'a
» stipulé aucune sûreté particulière, mais
» en faveur duquel la femme a renoncé à
» son hypothèque légale; dans mon système,
» la femme, créancier-hypothécaire à la date
» de la célébration du mariage, dans ses
» rapports avec *Primus*, créancier hypo-
» thécaire inscrit pendant le mariage, doit
» être traitée comme créancier chirogra-
» phaire dans ses rapports avec *Secundus*.
» Ainsi elle exclut *Primus* et concourt avec
» *Secundus*. *Primus* qui est exclu par elle,
» exclut *Secundus*. Telle est la position re-
» lative de chacune des parties.

» Ce conflit, quoiqu'en apparence très-
» compliqué, est facile à régler.

» Je suppose que le prix de l'immeuble
» sur lequel *Primus* est inscrit soit de
» 4,500 fr. A l'égard de *Primus*, *Secun-*
» *dus*, simple créancier chirographaire, n'a
» aucun droit sur ce prix. *Primus* est donc
» en conflit avec la femme seulement ; en
» conséquence celle-ci est colloquée pour
» 3,000 fr., *Primus* pour 1,500 fr.

» Le dividende de *Primus* est mainte-
» nant connu, définitivement déterminé.

» Celui de la femme ne l'a été que provi-
» soirement, elle ne peut pas prétendre gar-
» der définitivement les 3,000 fr. pour les-
» quels elle a été colloquée en sa qualité
» de créancier hypothécaire ; car à l'égard
» de *Secundus* elle fait partie des créanciers
» chirographaires ; dans ses rapports avec *Se-*
» *cundus*, elle n'a droit qu'à un dividende.
» Il faut, pour le déterminer, prendre pour
» base de la collocation 4,500 fr. à distri-
» buer entre la femme, considérée comme
» créancier chirographaire de 3,000 fr.,
» *Primus*, créancier-hypothécaire de 1,500
» francs, et *Secundus*, créancier chiro-
» graphaire de même somme. 3,000 fr.
» resteraient donc, après qu'on aurait dé-
» sintéressé le créancier hypothécaire *Pri-*

» *mus*, à partager, au marc le franc, en-
» tre la femme et *Secundus*; la femme au-
» rait 2,000 et *Secundus* 1,000 fr.

» Le dividende de *Secundus* ainsi déter-
» miné se prendra sur les 3,000 fr. attri-
» bués à la femme dans la première dis-
» tribution.

» Ainsi 1,500 fr. à *Primus*, 2,000 fr.
» à la femme, 1,000 fr. à *Secundus*. Je
» suppose que le prix de l'immeuble soit de
» 3,000 fr. seulement : la femme restée
» créancier hypothécaire dans ses rapports
» avec *Primus* l'exclut complètement.

» Quant à *Secundus*, les choses doivent
» se passer comme si la femme était en réa-
» lité créancier chirographaire. Or, si nous
» procédions en la prenant avec cette qua-
» lité, *Primus*, créancier hypothécaire, se-
» rait colloqué pour 1,500 fr., les 1,500 fr.
» restants seraient distribués, au marc le
» franc, entre la femme créancier de 3,000 f.,
» et *Secundus* créancier de 1,500 fr. La
» femme aurait 1,000 f. et *Secundus* 500 f.,
» Celui-ci doit, par conséquent, être collo-
» qué pour cette somme sur les 3,000 fr. at-
» tribués à la femme, en vertu de l'hypothè-
» que qu'elle avait conservé contre *Primus*.

» Ainsi, *Primus* ne vient pas en ordre
» utile. 500 fr. sont attribués à *Secundus*,

» la femme garde le reste 2,500 fr. Je sup-
» pose enfin que le prix de l'immeuble soit
» de 1,500 fr. la femme créancier hypo-
» thécaire à la date de la célébration de son
» mariage, exclut *Primus* créancier hypo-
» thécaire inscrit pendant le mariage; les
» 1,500 fr. lui sont donc attribués, et elle
» y a un droit exclusif même à l'égard de
» *Secundus*, car celui-ci n'y aurait eu au-
» cun droit lors même que la femme eût été
» en réalité véritable créancier chirogra-
» phaire; il eût été, en effet, exclu par le
» créancier hypothécaire *Primus*. La femme
» a renoncé à son hypothèque en tant qu'elle
» serait préjudiciable à *Secundus:* or, dans
» l'espèce, elle ne lui nuit point, puisqu'il
» ne viendrait pas en temps utile, même en
» la supposant inexistante. Ainsi la femme
» seule sera colloquée. Si nous supposons
» que la femme a renoncé successivement
» au profit de plusieurs créanciers chiro-
» graphaires, aucun d'eux n'aura droit de
» préférence sur les autres, car le premier
» au profit duquel la renonciation a été
» faite, n'est toujours dans ses rapports
» avec les autres qu'un simple créancier chi-
» rographaire. »

27. En autorisant la femme à concourir

avec le créancier chirographaire en faveur duquel elle a renoncé à son hypothèque, M. Mourlon témoigne assez que, dans son esprit cette renonciation n'a pas, comme lorsqu'elle intervient en faveur d'un créancier hypothécaire, les effets d'une cession de créance.— L'idée d'une cession est d'ailleurs exclue péremptoirement par l'admission, au marc le franc, de tous les créanciers chirographaires qui ont obtenu des renonciations *in favorem*.

Ce n'est pas cependant que M. Mourlon adopte la distinction professée par MM. Aubry et Rau qui, eux, refuseraient bien évidemment, tout concours à la femme renonçante.

Des trois hypothèses examinées par M. Mourlon, les deux dernières appellent une autre observation. Pourquoi la femme renonçante conserve-t-elle, à l'exclusion de *Secundus*, la somme qui, abstraction faite de l'hypothèque légale, ne profiterait pas à ce créancier, puisqu'elle serait emportée par *Primus*, à savoir, dans la seconde hypothèse 1,500 fr. et dans la troisième, 3,500 fr.—Pourquoi, dans ces deux hypothèses, les 3,000 fr. ne sont-ils pas distribués au marc le franc entre la femme renonçante et le créancier chirographaire bénéficiaire de la renonciation ?—

Nous comprendrions sans doute très-bien l'adoption de ces bases de calcul si M. Mour- lon avait adopté le système que nous avons exposé sous le n° 21. — La femme dirait au créancier chirographaire : Vous ne pouvez concourir avec moi que sur les deniers qui resteraient libres si vous n'aviez en face de vous que le créancier hypothécaire qui est primé par mon hypothèque. — Mais nous avons vu que M. Mourlon, au moins lors- qu'il s'agit d'une renonciation en faveur d'un créancier hypothécaire, ne mesure pas le sa- crifice de la femme sur le préjudice que son droit de préférence causerait au stipulant.

Les diverses parties de la théorie de M. Mourlon nous semblent manquer de cohésion et d'unité. Au reste suivons cette théorie dans ses applications non plus à des créanciers, mais à un acquéreur du mari.

M. Mourlon s'occupe de la renonciation en faveur de l'acquéreur de l'immeuble hypo- théqué, page 609.

« Renonciation au profit d'un tiers acqué- » reur de l'immeuble hypothéqué.

» Si l'hypothèque abandonnée par la femme » existait seule sur l'immeuble aliéné, au- » cune difficulté n'a lieu. L'effet de la re- » nonciation est de mettre l'acquéreur à

» l'abri de toute poursuite de la part de
» la femme.

» Lorsque d'autres hypothèques existent
» dans un rang inférieur, alors se présente
» la question de savoir si l'hypothèque aban-
» donnée au profit du tiers détenteur peut
» être opposée aux créanciers que primait
» la femme.

» Je dis sans hésiter qu'elle peut leur être
» opposée. La renonciation étant, *in perso-*
» *nam*, consentie dans l'intérêt d'une per-
» sonne déterminée, au profit du tiers dé-
» tenteur seulement, l'extinction de l'hypo-
» thèque n'est que relative. C'est une affaire
» à régler entre la femme et l'acquéreur, ce
» débat est étranger au tiers. Soit une cré-
» ance dotale de 3,000 fr. ; un créancier de
» 1,000 fr. inscrit postérieurement au ma-
» riage, sur la maison A ; le mari vend
» cette maison à *Primus*, et la femme re-
» nonce à son hypothèque au profit de ce
» dernier ; le créancier inscrit peut, cela
» n'est pas douteux, diriger ses poursuites
» contre *Primus*, le forcer de délaisser, s'il
» ne préfère le désintéresser ; et l'exproprier,
» s'il ne prend ni l'un ni l'autre parti ; mais
» si l'expropriation a lieu, le créancier ne peut
» être colloqué sur le prix, que déduction
» faite de la portion pour laquelle il est

» exclu par l'hypothèque de la femme. Le
» prix est-il de 4,000 fr., il vient en ordre
» utile pour toute sa créance ; est-il de
» 3,500 fr. seulement, il est colloqué pour
» 500 fr. ; *de* 3,000 *fr.* il ne vient pas
» en ordre utile. *La somme qui lui est*
» *enlevée dans chacun des deux derniers*
» *cas par l'effet de l'hypothèque légale qui*
» *est réputée existant à son égard reste*
» *au tiers détenteur ;* car, quant à lui,
» l'hypothèque légale ÉTANT ÉTEINTE, il est
» vrai de dire que cette somme provient de
» la vente d'un immeuble dont il avait la
» pleine propriété sur lequel la femme n'a-
» vait aucun droit. »

M. Mourlon, dans les trois hypothèses,
attribue 3,000 fr. à l'acquéreur, — c'est-
à-dire le montant de toute la collocation à
laquelle la femme aurait droit. — Le système
que nous opposons, sans l'adopter, au système de M. Mourlon, ne devrait pas attribuer
dans toutes les hypothèses ces 3,000 fr. à
l'acquéreur. — Dans la seconde hypothèse
l'acquéreur n'aurait que 2,500 fr. — Dans
la troisième il n'aurait que 2,000 fr. — Il
ne faut pas en effet l'oublier, l'acquéreur
n'est pas le cessionnaire de la femme ; la
seule promesse que la femme soit réputée lui

avoir faite, c'est de ne pas lui nuire avec son hypothèque légale.—Or s'il n'était en présence que du créancier hypothécaire de 1,000 fr. il serait primé par ce dernier jusqu'à concurrence de ces 1,000 fr. ; si ce créancier n'est, à raison de l'hypothèque légale, colloqué dans un des cas que de 500 fr. et si dans un autre cas il n'obtient aucune collocation, ce résultat ne peut profiter à l'acquéreur qui ne doit demander qu'une seule chose, la position qu'il aurait si la femme n'avait pas d'hypothèque.

Nous savons bien que M. Mourlon ne manquerait pas de répondre que la femme ne peut réclamer, au préjudice de l'acquéreur, aucune partie de sa collocation ; mais c'est justement ce qui est en question : — cela ne serait vrai qu'autant que la femme aurait cédé sa créance ou qu'elle aurait anéanti son hypothèque. —Or, M. Mourlon n'admet pas l'existence d'une cession. Et quant à la promesse d'abstention relative à l'acquéreur, la logique paraît exiger qu'elle soit mesurée sur le dommage que causerait la présence de la femme.

30. Deux autres systèmes se sont produits sur l'effet des renonciations à l'hypothèque légale en faveur d'un acquéreur.

La Cour de Caen, bien évidemment sous l'empire d'une autre pensée que celle qui avait dicté l'arrêt du 2 mai 1835, a jugé, le 17 mai 1838, sous la présidence de M. Binard, et le 26 avril 1852, sous la présidence de M. le premier Président Jallon, que la renonciation en faveur d'un acquéreur d'un propre ou d'un conquêt de communauté est, au moins quand il n'existe pas d'autres hypothèques sur l'immeuble, absolument extinctive et non translative du droit hypothécaire, et laisse au mari le droit de disposer librement du prix, soit en le touchant, soit en le transportant.—Comme on le voit, dans ce système, la renonciation peut être opposée non-seulement par l'acquéreur, mais par tout tiers intéressé, notamment par le cessionnaire du mari.—La femme ne peut pas réclamer son droit de préférence sur le prix, sous le prétexte que cette préférence ne nuit pas à l'acquéreur qui n'a stipulé qu'à son bénéfice singulier. (1)

La Cour d'Amiens, dans un arrêt du 19 décembre 1846, la Cour de Lyon dans un arrêt du 15 mai 1847, et la Cour de cassation, ch. des requêtes, dans un arrêt du

(1) Jurisprudence des Cours de Caen et de Rouen, 1852, p. 166 et 167.

21 février 1849, ont jugé que la renonciation à l'hypothèque légale en faveur d'un acquéreur ne profitait qu'à cet acquéreur et
n'enlevait nullement à la femme, au moins
tant que le prix n'était pas payé, la faculté
de faire valoir ses droits de préférence à l'encontre des créanciers hypothécaires ou chirographaires du mari. (1)

La théorie de ces trois arrêts qui ont l'approbation de M. de Villeneuve est de nature
à exciter d'assez graves embarras. N'est-il
pas, dans bien des hypothèses, difficile de
séparer l'intérêt de l'acquéreur de l'intérêt
des créanciers hypothécaires du mari? Si
l'hypothèque légale eût été éteinte, peut-être
le prix eût-il été suffisant pour anéantir
l'excédant du passif hypothécaire, et, par
suite, l'acquisition eût été affranchie de
toute crainte de surenchère, même dans le
cas où le prix ne serait pas égal au montant
des autres charges; l'abstention de la femme
ne pourrait-elle pas engager à accepter le
contrat? Les Cours d'Amiens et de Lyon ré-
duisent l'effet de la renonciation de la femme
à une abdication du droit de surenchère. —
L'intérêt de l'acquéreur nous semble exiger
autre chose : nous essaierons de démontrer

(1) Dev. 47, 2-193; 48, 2-230; 49-1-613.

plus tard que le transport éventuel des créances de la femme et de l'hypothèque légale qui les garantit, est une sûreté importante que l'acquéreur ne doit pas dédaigner. Ce qui, pour nous, au moins est certain, c'est que l'acquéreur, s'il n'obtient pas l'appropriation de l'hypothèque légale, doit vouloir affranchir de cette hypothèque, non-seulement l'immeuble, mais le prix qui le représente. — Il convient, toutefois, de faire remarquer que les Cours d'Amiens et de Lyon ont raisonné dans l'hypothèse où le prix était encore dû et était disponible : mais leur solution ne préjuge-t-elle pas singulièrement la non validité de paiement qui, sur la foi de la renonciation de la femme, serait fait au mari ou à des tiers, ses cessionnaires?

32. M. Troplong n'admet pas toutes ces distinctions entre les renonciations *in favorem* et les subrogations (1). — Toute renonciation *in favorem* est pour lui translative : mais le savant magistrat paraît considérer que la transmission, quelle que soit sa dénomination, ne porte que sur la prérogative hypothécaire, en laissant en dehors les créances de la femme renonçante ou subrogeante et c'est ce dernier soutien que nous avons

(1) Hypothèq., tome 2, nos 600 et 600 *bis*.

essayé de combattre.—M. Grenier, dans son
Traité des hypothèques (1), sans être explicite sur la question, semble toujours supposer que la créance est transmise avec l'hypothèque.

33 Toutes ces questions, sauf toutefois la
question de la cession de l'hypothèque séparément de la créance, sont, dans notre pensée, des questions d'intention; il s'agit uniquement de découvrir quelle a été la volonté
des parties et d'en déterminer l'exacte mesure; aucun système d'interprétation n'est
d'une vérité absolue. La solution peut varier
avec les faits et les circonstances. Le jurisconsulte ne peut *à priori* préciser la portée
de formules qui sont susceptibles d'un grand
nombre de modifications ou au moins de
nuances et qui, dans tous les cas, n'ont jamais que le sens que les contractants y ont
attaché.

On ne peut, suivant nous, qu'indiquer
celles de ces interprétations qu'en l'absence
de témoignages exprès ou tacites contraires,
la logique du droit et aussi la pratique et
l'usage semblent devoir faire présumer.

(1) Notamment n° 255.

Eh bien! pour nous, la renonciation *in favorem* est, en général, une cession des reprises de la femme renonçante. — La renonciation extinctive, profitant à des tiers étrangers à la stipulation, est contraire à toutes les vraisemblances, et, sous ce rapport, ne peut être admise que très-difficilement. — La renonciation extinctive ne profitant qu'au stipulant et dans les limites seulement du préjudice que lui causerait l'exercice de l'hypothèque légale, si elle s'ajoutait aux hypothèques intermédiaires, est sans contredit beaucoup plus favorable à la femme et partant se place sous la recommandation du principe que les abdications doivent être plutôt restreintes qu'étendues. — Toutefois l'interprétation qui mesure le sacrifice du droit hypothécaire, non sur l'intérêt de celui auquel ce sacrifice est fait, non sur le degré de protection qu'il pourrait obtenir, mais sur le capital disponible, prélèvement fait des créances hypothécaires postérieures à la femme, est-elle bien conforme à la volonté présumable des parties? — N'est-elle pas arbitraire et dénuée de bases?

Au reste, ces questions d'interprétation ont, de tous temps, exercé l'esprit des jurisconsultes. Nous renvoyons au fragment de Marcien(1), que nous avons cité ailleurs (2) et aux autres textes du droit romain qui sont rapportés partout, notamment dans les arrêtés de M. de Lamoignon (3), dans Pothier (4), dans les ouvrages de MM. Battur, Grenier, Persil, Zachariæ, Duranton, Troplong (5).

34. Les questions de subrogation à l'hypothèque légale et les difficultés qui s'élèvent sur l'interprétation de ces subrogations, cessions ou renonciations *in favorem*, ont été l'objet de beaucoup de propositions dans les observations soumises par les Cours d'appel et les Facultés de Droit au ministre de la Justice, qui avait consulté ces grands Corps sur la réforme hypothécaire. — Toutes ces

(1) xii, § 4. Dig. qui potiores in pignore vel hypothecâ.

(2) De l'hypothèque légale sur les Conquêts de Communauté, n° 27.

(3) Tit. xxvi, De l'extinction des hypothèques tom. 2, p. 177.

(4) Pothier, De l'hypothèque, chap. 3, § 5.

(5) Battur, Des hypothèques, tom. 2, 4e partie, chap. 2, sect. 2, pag. 361.—Grenier, Hypothèques, tom. 2, n°s 503—508. Persil sur l'art. 2180, n° 17. Zachariæ, tome 2, §§ 292, note 5. (5) — Duranton, xx. chap. 7, sect. 1re, § 2, pag. 496, sur l'art. 2180. — Troplong, hypothèque sur l'art. 2180, n°s 887 ter.

propositions, en les résumant, avaient l'un de ces trois objets :—les unes tendaient à interdire à la femme le droit d'abdiquer son hypothèque légale, sans y être préalablement autorisée par la justice ou au moins sans souscrire une obligation personnelle.

Les autres tendaient seulement à subordonner l'efficacité des subrogations, cessions ou renonciations, à des conditions de publicité, à la nécessité de l'inscription.

Enfin, quelques propositions avaient pour but de faire donner législativement aux abdications du droit d'hypothèque par la femme, quelle que fût leur appellation, une portée toujours la même et absolument indépendante de la formule employée.

Sous notre § 1er, nous n'avons à nous occuper que de ces dernières propositions.

La question de savoir si le droit hypothécaire pouvait être transporté, indépendamment de la créance à laquelle il était joint, fut agitée; la négative fut en général adoptée (1).

La question n'est pas résolue, au moins

(1) Voir notamment Observations de la Faculté de Strasbourg. *Documents relatifs au régime hypothécaire*, tome 2, page 471. Voir, toutefois, en sens contraire, Observations de la Faculté de droit de Rennes, tome 3, page 405.

explicitement, dans le savant rapport de
M. Persil, au nom de la commission insti-
tuée par le décret du président de la répu-
blique, du 15 juin 1849 (1). Mais elle est
tranchée de la manière la plus précise dans
le rapport fait par M. de Vatimesnil, au
nom de la commission nommée par l'assemblée législative.

« L'art. 2139 (du projet du gouverne-
» ment) de ce projet *paraît supposer* que
» l'hypothèque peut être cédée indépendam-
» ment de la créance.

» La commission ne croit pas devoir ad-
» mettre ce genre de cession, qui lui parait
» contraire aux principes et sujet à de graves
» inconvénients. »

. . . . . « *Contraire aux principes*, car
» l'hypothèque, étant un accessoire, est na-
» turellement transmise en même temps que
» la créance dont elle forme la sûreté (Code
» civil, art. 1692); mais on ne conçoit pas
» bien qu'elle puisse être détachée de la
» créance pour être cédée isolément;

» *Sujet à de graves inconvénients*, car,
» dans le système que nous combattons, le
» créancier qui aurait hypothèque sur plu-
» sieurs immeubles pourrait, en conservant

(1) Page 86.

» sa créance et son hypothèque sur un des
» immeubles, faire une sorte de trafic très-
» fâcheux de cette même hypothèque, en tant
» qu'elle frapperait sur les autres immeubles.

» *Sans doute, il se fait quelquefois un*
» *échange de rang hypothécaire entre deux*
» *créanciers ayant hypothèque sur le même*
» *immeuble; mais cette convention, qui est*
» *licite et qui ne péut préjudicier à per-*
» *sonne, n'a besoin ni d'étre autorisée, ni*
» *d'étre soumise à des formes particu-*
» *lières.* »

M. de Vatimesnil a-t-il entendu que l'é-
change pourrait porter sur les hypothèques
séparément des créances?— Non, sans doute;
car l'échange qui, après tout et au fond, n'est
qu'une double vente, ne peut avoir l'effet
que M. de Vatimesnil dénie formellement à
l'acte de vente. Pour échanger leur rang,
les créanciers doivent donc échanger leurs
créances jusqu'à somme concurrente.

Le transport du rang, c'est le transport de
l'effet dont l'hypothèque est la cause. Or, si
l'hypothèque ne peut être transportée isolément de la créance, comment l'effet de cette
hypothèque pourrait-il être communiqué à
une autre créance? Forcément, il demeure
subordonné au sort de la créance dans l'intérêt de laquelle l'hypothèque a été créée; le

droit hypothécaire est associé à toutes les vi-
cissitudes de la créance qu'il revêt ; il peut
périr sans elle, mais il périt nécessairement
avec elle, et ne saurait, sans s'éteindre,
en être séparé. Pour disposer de l'accessoire, pour être maître de l'utiliser, il faut
être le maître du principal et l'avoir sous sa
sauvegarde ; l'échange de rang avec la
femme, le transport d'antériorité n'ont de
valeur que parce que la reprise est elle-
même éventuellement transmise, engagée,
et que le bénéficiaire de la priorité a la faculté de s'armer de cette reprise, acquiert
sur elle un droit indépendant des faits du
titulaire primitif.

M. Bethmont, dans son rapport au nom
de la commission du conseil d'État, a re-
produit l'opinion de M. de Vatimesnil :
— ‹ La cession soit de l'hypothèque, soit
» du rang d'antériorité, est organisée par
» l'art. 2139 du projet. La pensée qui a
» inspiré cet article doit être approuvée,
» mais la rédaction se prête à des interpré-
» tations dangereuses.

» Le projet parait admettre qu'un créan-
» cier hypothécaire pourra céder son hypo-
» thèque sans sa créance. Une semblable
» cession ne se conçoit pas. On doit donc
» exprimer formellement la faculté de céder

» la créance hypothécaire, mais non la fa-
» culté de céder l'hypothèque, comme un
» droit distinct, détaché de l'obligation.

» La cession du rang d'antériorité entre
» deux créanciers inscrits sur le même im-
» meuble ne souffre pas d'objections. — La
» situation du grevé n'est pas modifiée (1). »

La Faculté de droit de Caen, dans ses
Observations sur la réforme hypothécaire,
soutenait, tout en proclamant que l'hypothèque et la créance étaient indivisibles, que
la renonciation *in favorem* ne devait pas être
considérée comme une cession des droits hypothécaires de la femme.

Elle voulait faire élever à la hauteur d'une
présomption légale l'interprétation qui ne
voit dans la renonciation *in favorem* qu'une
promesse d'abstention. Elle voulait même
que les cessions de priorité et les subrogations n'eussent que cette portée, qu'elles se
réduisissent à l'obligation de la femme de
ne pas se prévaloir de son hypothèque toutes
les fois qu'il n'y aurait pas transport exprès
de la créance.

Mais l'abstention de la femme profiterait-
elle aux créanciers intermédiaires?

Sans doute ces créanciers n'auraient pas

(1) Page 53.

le droit d'en réclamer le bénéfice, si ce bénéfice ne pouvait s'étendre au créancier qui
aurait stipulé la renonciation ou même la
subrogation. — Cela est dit très-nettement.

Ce qui offre quelque doute, c'est le point
de savoir si, dans le système de la faculté de
droit de Caen, les créanciers intermédiaires
devraient profiter de la renonciation, quand
le créancier qui l'aurait obtenue l'invoque-
rait : recueilleraient-ils l'avantage de la stipulation, en même temps que le stipulant et
avant lui? — La femme perdrait-elle son rang à
l'égard de tous ou seulement à l'égard de celui
avec lequel elle aurait traité? En d'autres
termes, l'effet de la renonciation se mesure-
rait-il sur l'intérêt du stipulant, ou ne serait-
il que subordonné à l'existence de cet intérêt?
L'intérêt du stipulant une fois constaté, la
femme ne serait-elle pas écartée d'une manière absolue? Si la Faculté de droit de Caen
proposait de placer cette dernière interprétation sous le patronage de la loi, si elle
demandait qu'elle fut présumée, en l'absence
d'une preuve contraire, elle répudiait la
théorie de l'arrêt Le Guédois, la théorie
exposée sous le n° 21, pour se rallier à la
théorie de Deluca.

« Quel est l'effet, soit de la renonciation
à l'hypothèque consentie au profit d'un créan-

cier désigné , soit de la subrogation quand
la créance elle-même n'est ni transférée ni
éteinte par le paiement ? Le silence du Code
laisse un vaste champ aux subtilités du droit
et aux dissertations des docteurs , et cependant c'est une des matières les plus pratiques
et les plus importantes ; il convenait donc
de la régler.

» L'hypothèque a-t-elle été colloquée ? Un
autre créancier en a-t-il profité ? L'hypothèque
et la créance hypothécaire seront éteintes, une
hypothèque ne peut être colloquée deux fois,
même sur des biens différents ; l'hypothèque
et la créance sont indivisibles. Que si , au
contraire, un créancier a seulement renoncé à
produire son hypothèque sur le prix d'un
immeuble pour laisser le champ libre à un
créancier , il n'aura pas perdu le droit de
la faire valoir sur les autres biens qui lui sont
affectés ; l'hypothèque n'a pas été colloquée,
elle s'est abstenue. Toute renonciation doit
se restreindre dans les limites les plus sévè-
res. Ceci posé , la loi nouvelle présumerait
que la renonciation *en faveur* n'est que la
promesse de s'abstenir si l'intérêt du stipulant
l'exige.

» La subrogation présente, sans contredit,
une difficulté plus sérieuse. Il semble , — le
mot le dit, — que le subrogé vient à l'ordre

en vertu de l'hypothèque du subrogeant et qu'il la fait colloquer. Mais cette interprétation entraîne des conséquences déplorables ; un individu hypothèque un de ses immeubles, sa femme intervient et subroge le créancier à son hypothèque légale ; elle ne pourrait pas se présenter à un autre ordre et sur le prix des autresbiens ; par la subrogation son hypothèque a été colloquée et éteinte ; et, remarquez-le, la subrogation est stipulée toutes les fois que le contrat de mariage ne place pas la femme dans l'impuissance de la consentir. Il importe de ne voir dans la subrogation qu'une simple renonciation ; les parties et même la plupart des notaires ne comprennent pas toutes ces distinctions et ces subtilités et la valeur des mots qu'ils emploient. L'intention évidente de la femme est de renoncer à son hypothèque sur un immeuble désigné et de la conserver sur tous les autres. L'intention doit prévaloir sur la forme et sur les termes de l'acte. Nous supposons, bien entendu, que la convention n'est pas précise et que la créance même n'a pas été transportée au subrogé ou éteinte par le paiement.

» Le privilége et l'hypothèque sont inhérents à la créance ; ils la suivent quand elle est vendue ou donnée en gage. (Art. 1692 C. civ.) Est-elle éteinte par le paiement ou par la novation , ils peuvent s'en détacher pour passer à la nouvelle créance qui prend sa place ; hors de là , accessoires indivisibles de l'obligation , ils cessent d'exister dès qu'on les sépare. Si le créancier veut *céder son rang,* il faut qu'il cède la créance elle-même, ou au moins qu'il l'affecte à titre de nantissement ; car c'est sur cette créance que s'imputeront toutes les collocations obtenues à l'aide du privilége ou de l'hypothèque ; ces collocations épuiseront le droit du créancier primitif , comme s'il se fût lui-même présenté à l'ordre, comme s'il eût touché les deniers pour les remettre ensuite au tiers qu'il s'est substitué ; il n'aura donc plus contre le débiteur qu'une nouvelle action , née de l'espèce de caution-nement contracté au profit de tiers.

» Quand, au contraire, le créancier veut conserver sa créance, *il ne peut transmettre son rang ,* mais seulement s'abstenir d'en profiter. Quelques termes qu'il emploie, ces-sion de priorité, subrogation, renonciation aux droits de préférence, il n'attribue rien à la personne envers laquelle il s'engage, il s'interdit simplement de requérir collo-cation à son préjudice. Mais, s'il existe des créanciers intermédiaires, ils seront collo-qués avant celle-ci ; tout se réglera comme si le premier créancier n'existait pas ou se fût laissé forclore. Il a abdiqué son droit, dans l'hypothèse précédente, il l'exerçait par autrui.

» Du reste, la convention ne produira d'effet qu'autant qu'il y aura intérêt pour la partie au profit de laquelle elle est faite *et dans la mesure de cet intérêt ; les tiers ne pourront s'en prévaloir, si cette partie ne l'oppose pas elle-même.* (1) »

Ces derniers mots, en les isolant, pourraient jeter quelque incertitude. En effet, si la promesse d'abstention doit, dans tous les cas, être étrangère aux tiers, pourquoi dire que les tiers ne pourront se prévaloir de cette promesse, *quand la partie intéressée ne l'opposera pas elle-même.*

Mais la Faculté dit que la stipulation n'aura d'effet qu'autant que le stipulant y aura intérêt et dans la *mesure de cet intérêt.*—C'est là, pour nous, l'expression, le témoignage précis de la véritable pensée.

Nos objections ne s'adressent qu'à la tentative d'introduire une présomption, et de couvrir ainsi de l'autorité de la loi une interprétation qui serait souvent contraire à l'intention des contractants. Au reste la

(1) Documents relatifs au régime hypothécaire, tome 3, pages 7 et 8, et même tome, page 466.

faculté de droit de Caen n'abritait pas,
contre la preuve de la véritable volonté,
la présomption qui avait sa foi, et comme
elle ne subordonnait pas le témoignage de
la volonté présumée à des termes sacra-
mentels, le droit d'interpréter les contrats
eut bientôt reconquis sa place.

§ II.

SOUS QUELS RÉGIMES MATRIMONIAUX LES FEMMES ONT-
ELLES CAPACITÉ POUR SUBROGER A L'HYPOTHÈQUE
LÉGALE ?

Sommaire.

35. Énumération des régimes qui laissent à la femme
la capacité de subroger.

36. Les femmes soumises au régime dotal peuvent-
elles subroger à l'hypothèque légale de leurs
reprises mobilières? — Réfutation de l'opinion de M. Mourlon.

37. En quel sens la dot mobilière est-elle indispo-
nible après la séparation de biens? — Dissi-
dence avec M. Troplong. Examen de l'opinion
de M. Gauthier.

38. Cas dans lesquels la femme dotale peut subroger
à ses reprises mobilières et à ses reprises immobilières.

39. La femme dotale, qui s'est constitué en dot ses
biens présents et à venir, mais s'est réservé
la faculté de les aliéner sans remploi, peut-
elle valablement subroger à son hypothèque
légale? — Décisions diverses.

40. Une femme mariée sous le régime de la communauté, avec stipulation qu'en cas de renonciation elle exercerait la reprise de son apport
en exemption de toutes dettes sociales, même
de celles auxquelles elle aurait concouru avec

son mari, pourrait-elle efficacement subroger
un créancier dans le droit d'exercer cette reprise?

41. Projets de réforme.

35. Ont capacité pour subroger à leur hypothèque légale les femmes auxquelles leur
régime matrimonial n'interdit pas de souscrire des obligations exécutoires sur leurs
reprises.

Ainsi peuvent subroger :

1° Les femmes mariées sous le régime de la
communauté ;

2° Les femmes mariées sous le régime exclusif de communauté, sans stipulation du
régime dotal ;

3° Les femmes mariées sous le régime de
la séparation de biens ;

4° Les femmes mariées sous le régime dotal, à la condition que la subrogation ne porte
que sur des reprises paraphernales.

Mais ne peuvent subroger, au moins à
l'hypothèque qui garantit leurs reprises dotales immobilières, les femmes mariées sous
le régime dotal.

36. Les femmes soumises au régime dotal
peuvent-elles subroger à l'hypothèque légale
de leurs reprises mobilières?—Oui, dit

M. Mourlon (1), parce que la dot mobilière n'est pas inaliénable.

Nous ne saurions accepter cette solution ;
de nombreux arrêts de la cour de cassation
l'ont, avec raison, condamnée (2). Sans
doute, la dot mobilière est, à défaut de
stipulation contraire, aliénable sans remploi, parce que l'aliénation du mobilier est
chose trop souvent nécessaire et même ur-
gente, comme mesure d'administration, pour
qu'elle ne soit pas facultative à l'administrateur, surtout à l'administrateur responsable,
au mari (3). L'indisponibilité de la dot mobi-

(1) Traité des *Subrogations personnelles*, Appendice, page 613. Sic Odier du Contrat de mariage,
tome 3, nᵒˢ 1238, 1239, 1240.

(2) 28 juin 1810 (Dev. 1810. 1. 311.)
      26 mai 1836 (— 1836. 1. 775.)
      2 janvier 1837 (— 1837. 1. 97.)
      7 février 1843 (— 1843. 1. 282.)

(3) Contrat Tessier. Questions sur la dot, nᵒˢ 131
et 135. — M. Taulier, théorie raisonnée du Code
Napoléon, tome 5, p. 278. — MM. Rodière et Pont,
contrat de mariage, tome 2, nᵒ 497 (leur doctrine
est moins absolue).

M. Bellot-Desminières, *du Régime dotal et de
la Communauté d'acquêts*, tome 2, nᵒˢ 1089, 1090,
1091, 1092, 1093, 1094, 1095, 1096, sur l'art. 1554.
— Mais la jurisprudence est fixée dans le sens de l'o-
pinion que nous exprimons ; voir notamment, Cassation, 26 août 1851, et 1ᵉʳ décembre 1851. — De
Villeneuve, 51-1-805.

lière n'a guère pour effet que d'empêcher la
femme d'abdiquer son hypothèque légale,
c'est-à-dire sa protection contre les abus possibles de l'administration maritale.

La femme ne peut souscrire, en dehors des
exceptions déterminées par la loi (art. 1555,
1556 et 1558 C. Nap.), aucun engagement
sur ses reprises dotales, même mobilières.

Mais, dit-on, une inaliénabilité ainsi restreinte, n'est pas une inaliénabilité véritable; elle est bien peu de chose s'il n'intervient pas de séparation de biens; elle n'est
plus qu'un vain mot après une séparation,
puisqu'en cessant d'être administrateur, le
mari cesse d'être responsable personnellement
et hypothécairement.

La femme séparée de biens, dit-on, ne
pourra pas subroger à son hypothèque légale, non pas parce que sa dot mobilière
sera inaliénable, mais parce qu'elle n'aura
plus d'hypothèque pour une gestion dont
elle sera elle-même chargée.

37. Quel sera alors l'effet de l'inaliénabilité ? En quoi consistera-t-il ?

Nous admettons avec un arrêt de la Cour
de Caen du 22 août 1823, contre lequel
le pourvoi a été vainement tenté (1), avec

(1) Dev. 26. 1. 172.

M. Troplong (2), avec M. Marcadé (3), que
la femme séparée pourra faire elle-même
tout ce que son mari pouvait faire quand
il avait le soin et la responsabilité de la
gestion ; qu'elle aura un droit d'administration aussi plein, aussi entier, elle, propriétaire définitive et véritable, que le droit
qui était confié, dans son intérêt, à un administrateur investi seulement d'une sorte de
propriété intérimaire, tout-à-fait incomplète.

Toutefois l'inaliénabilité de la dot mobilière
aura encore des conséquences importantes ;
cette dot sera à l'abri de tous actes d'exécution forcée de la part des créanciers qui
n'auraient pas d'action sur les immeubles
dotaux ; elle sera insaisissable et ne pourra
être l'objet que de ventes volontaires.

Ainsi nous ne croyons pas, comme le
croit M. Troplong (1), que, par le fait de la
séparation de biens, la dot mobilière devienne saisissable. Pourquoi, nous qui per-
mettons à la femme séparée, la vente vo-

----

(1) Contrat de mariage, n° 3259 et n°s suivants.
(2) Sur l'art. 1554. — *Revue critique*, tome 1er,
page 602.—Tome 2, page 206.—Tome 2, page 458.
— M. Benech n'admet pas que la femme séparée ait
sur la dot mobilière les mêmes droits que le mari,
de l'emploi et du remploi, page 331.
(3) Contrat de mariage, n° 2263.

lontaire des valeurs mobilières, interdisons-
nous la vente forcée, les actes d'exécution,
conséquence des aliénations indirectes renfer-
mées dans les obligations?—C'est que la vente
sans le consentement de l'administrateur-pro-
priétaire, ne peut jamais être considérée
comme un acte d'administration, de conservation et que ce n'est qu'à titre de mesure
conservatoire, d'acte de gestion que nous
concédons à la femme séparée, le droit d'aliéner le mobilier dotal.

Il n'est pas vrai d'ailleurs que la femme
séparée de biens ne puisse avoir d'hypothèque légale contre son mari pour des faits
postérieurs *à sa séparation*. On ne conteste
plus aujourd'hui que les femmes aient une
hypothèque légale pour les valeurs paraphernales reçues par le mari (1). — L'hypothèque légale n'est donc pas seulement attachée à l'administration maritale quand
elle est imposée à la femme, — elle est la garantie d'une administration confiée même
volontairement au mari depuis le mariage.

Mais alors la femme séparée de biens peut

(1) Duranton, tome 19, nº 289; tome 20, nºs 32
et 33. — Troplong, hypothèques, nº 575. — M. Valette, nº 136; Zacharie, § 261, tome 2, page 125;
Rodière et Pont, du nº 729 à 735.

avoir le mari pour débiteur, et pour débiteur hypothécaire, en vertu de causes postérieures à la séparation. (Art. 1450 C. Nap.)— Donc l'aliénation de la dot mobilière, même réduite à l'incapacité pour la femme séparée de biens de disposer de ses reprises contre son mari, ne serait pas encore un non sens.

M. Troplong, d'accord avec M. Mourlon sur l'aliénabilité absolue de la dot mobilière, n'admet pas cependant, avec cet auteur, que la femme puisse renoncer à son hypothèque légale, au préjudice de ses droits dotaux. Ce n'est certainement pas qu'il entende reculer devant les conséquences de sa doctrine. Voici son explication : « J'accorde cependant » (dit-il, n° 3265) que la femme ne peut » renoncer à son hypothèque légale sur les » biens de son mari, qu'elle ne peut la céder à » ses propres créanciers pendant le mariage » au préjudice de sa dot. Mais pourquoi cette » concession? c'est que l'hypothèque légale de » la femme est un droit immobilier qui, d'a- » près l'art. 1554 est inaliénable, en ce sens » que la femme ne saurait s'en priver au pré- » judice de ses droits dotaux. L'hypothèque » est un *jus in re*, un démembrement de la » propriété ; c'est un immeuble : les immeu- » bles dotaux sont inaliénables. »

M. Tessier (1) déploie toutes les ressour-
ces de sa logique vigoureuse et de son érudi-
tion pour combattre cette qualification d'immeuble donnée à l'hypothèque.—Nous avons,
sous notre § 1er, no 7, indiqué que le nau-
tissement qui résulte de la subrogation, devait être considéré comme immobilier ou
comme mobilier suivant qu'on professe qu'il
porte sur l'hypothèque séparée de la créance
ou sur la créance hypothécaire elle-même. —
M. Troplong tient pour le premier système et
de là le caractère immobilier sur lequel il se
fonde pour interdire, au moins sous condition, à la femme dotale, la subrogation.

M. Gauthier, dont l'ouvrage sur la *Subrogation personnelle* a été publié pendant l'im-
pression de ce travail, soutient (no 571) que
le droit hypothécaire, considéré activement
et dans sa relation avec le patrimoine du
créancier, n'est pas un droit immobilier. —
Cependant il admet, comme nous, que la
femme soumise au régime dotal, ne peut céder le bénéfice de l'hypothèque attachée à ses
reprises mobilières; mais cette solution n'est
pour lui que l'application d'une solution
plus générale, à savoir : que la femme n'acquiert, par la séparation de biens, le droit de

(1) Questions sur la dot, no 111.

disposer ni de ses créances sur des tiers, de ses rentes sur l'État, par exemple, ni de ses créances sur son mari; il est bien loin de réduire l'inaliénabilité de la dot mobilière à l'impossibilité pour la femme de se dessaisir, pendant le mariage, de l'hypothèque légale.

Ce n'est pas qu'il ne reconnaisse point au mari, avant la séparation de biens, le droit de disposer de la dot mobilière. Non, il soutient seulement que c'est, non au mari, comme administrateur, mais au mari, comme propriétaire que le droit de disposition appartient (p. 600, à la note).

M. Gauthier semble ici oublier que le mari, sous le régime dotal, ne devient véritablement propriétaire de la dot que par exception (art. 1565, Code Nap.), qu'il n'encourt la responsabilité de sa dépréciation ou de sa perte qu'autant qu'il est en faute. Il faut donc renoncer à expliquer le pouvoir d'aliéner par le droit de propriété, puisque, si ce dernier droit existait au profit du mari, il entraînerait, comme conséquence, contre lui, la charge des périls et risques, tandis que la loi, dans les art. 1566 et 1567, laisse la femme exposée à toutes les chances des événements de force majeure et que, dans le premier de ces articles, elle fait plus que supposer, elle déclare que la propriété du mobilier *reste à la femme*.

Mais si le mari, sauf le cas d'estimation sans déclaration que cette estimation n'est pas translative, et sauf le cas de choses fongibles constituées en dot, ne devient pas propriétaire de la dot mobilière, ce n'est donc qu'à titre d'administrateur de cette dot qu'il peut l'aliéner. Or la femme, par la séparation, succède à la plénitude du droit d'administration dont l'exercice était confié au mari.

L'inaliénabilité de l'hypothèque légale, garantie de la dot mobilière, a donc une cause spéciale ; c'est le recours contre son mari que la femme ne peut abdiquer.

38. La femme dotale pourrait subroger à l'hypothèque légale et non-seulement à l'hypothèque légale qui garantit ses reprises mobilières, mais à l'hypothèque légale qui servirait de garantie à une reprise d'un caractère immobilier, si cette subrogation avait pour cause l'établissement de ses enfants (1555 et 1556) (1) et même suivant nous, si elle avait lieu dans les termes et aux conditions de l'art. 1558 C. Napol.

Cette solution n'aurait même rien à re-

(1) Ch. des Req. 1er avril 1845 (Dev. 45. 1. 256).—Nîmes, 30 avril 1845 (Dev. 46. 2. 68.) —
Troplong, Cont. de mariage, N° 3352.

douter de la théorie très-contestable qui interdit l'affectation, à titre d'hypothèque, des biens dotaux, quand leur aliénation est autorisée.—La subrogation n'est pas en effet une hypothèque constituée sur une hypothèque.

39. La femme dotale qui s'est constitué tous ses biens présents et à venir, mais s'est réservé la faculté de les aliéner sans remploi, peut-elle valablement subroger à son hypothèque légale? Oui. — Sans doute, de ce qu'une femme s'est réservé le droit d'aliéner et d'hypothéquer ses biens dotaux, il est possible qu'il ne faille pas nécessairement conclure que les obligations qu'elle a souscrites ont la dot pour gage ; nous l'avons vu ainsi juger contre notre plaidoirie et la doctrine de l'arrêt de la Cour de Caen, soumise à l'épreuve du pourvoi, a triomphé devant la Chambre des Requêtes. — Mais les arrêts de la Cour de Caen et de la Cour de cassation (1) que M Troplong (2) combat avec force, ne fournissent aucune objection contre notre solution.

(1) Caen, 4e Ch. 23 mai 1818.—Cassat. 3 avril 1849 (Dev. 49. 1. 385. — Dalloz, 49. 1. 124.—Sic Rodière et Pont, Cont. de mariage, no 502.— Zachariæ §. 537. page 585.

(2) Cont. de mariage, no 3397.

C'est qu'en effet on peut dire qu'autre chose est la faculté d'aliéner, autre chose l'exercice de cette faculté, et que la femme a pu vouloir s'obliger personnellement sans vouloir, pour cela, obliger ses biens dotaux, les affecter à la sûreté de ses engagements.

Mais quand la femme a subrogé à son hypothèque légale, cette subrogation implique la volonté de disposer au moins éventuellement et conditionnellement de la dot ; partant, il y a certitude que la faculté d'aliéner a été utilisée (1).

Vainement objecterait-on que, d'après nous, le droit d'aliéner la dot mobilière n'implique pas le droit de céder l'hypothèque légale. En effet si nous accordons à la femme séparée de biens la faculté d'aliéner sa dot mobilière, c'est à titre de moyen et presque comme une sauvegarde ; c'est que la femme serait condamnée à attendre sa ruine si l'aliénation lui était interdite parceque l'aliénation peut être le seul acte conservatoire, la seule chance de salut pour la dot mobilière qui ne saurait être, sans péril, immobilisée dans la main de l'administrateur.

(1) Cour de Caen 1re Ch. — 18 novembre 1851.— Rec. de Caen 1851, page 301. — Cour de Caen, 4e Ch. - Revel contre Adam, 8 juin 1852.

Mais lorsque la femme s'est reservé le droit d'aliéner sa dot de toute nature, le droit de l'affecter à ses obligations, l'aliénation n'est plus seulement autorisée comme moyen; l'aliénation a été permise pour elle-même et nous ne comprendrions pas que, dans ce cas, la femme qui aurait capacité d'hypothéquer son immeuble dotal fût privée du droit de transmettre son hypothèque légale et de donner en gage ses reprises mobilières. (1)

La Cour de cassation est allée plus loin, elle a décidé que la réserve faite par une femme mariée sous le régime dotal du droit d'aliéner et d'hypothéquer ses immeubles dotaux, emportait virtuellement la faculté de souscrire des obligations exécutoires sur la dot mobilière, (9 juin 1847, Req.--Devill. 47. 1. 616.—Aboire C. Chabrau.) (2)

M. Taulier professe l'opinion contraire, (Théorie raisonnée du Code civil, tome 5, p. 295.)

M. Gauthier, qui cite l'arrêt du 9 juin

(1) Sic Lyon, 30 janvier 1840. — Journal du Palais, 1840 tome 2, page 270.

(2) Sic Lyon, 3 juin 1829. Sir. 29-2-301. — Lyon, 16 mai 1832. — Devilleneuve, 33-2-625.

1845 , oppose, comme contraire, un arrêt de la Cour de cassation du 2 janvier 1837 qui casse un arrêt de la Cour de Douai. — Dans l'espèce sur laquelle la Cour de Douai avait statué , la femme s'était mariée sous le régime dotal et avait constitué en dot tous ses meubles et immeubles ; la femme avait stipulé qu'elle pourrait aliéner ses immeubles.—La Cour de Douai n'avait pas jugé que cette stipulation était applicable *à fortiori* aux meubles. Au lieu d'interpréter les conventions matrimoniales , dans la limite de ses pouvoirs, elle avait jugé , en principe , que la dot mobilière était directement et absolument aliénable.

L'arrêt de la Cour de cassation du 2 janvier 1837 ne prouve donc qu'une chose, l'inaliénabilité de la dot mobilière comme droit commun. Il ne juge pas que la réserve d'aliéner la dot mobilière n'implique pas la faculté d'aliéner l'hypothèque légale qui la garantit. (Devill. 1837 1. 97.— Castel c. Lipsin.—Palais 1837. 1. 587.)

Il est vrai que la Cour d'Amiens devant laquelle l'affaire fut renvoyée, interpréta le contrat de mariage et décida que la faculté exceptionnelle d'aliéner les immeubles dotaux laissait les valeurs mobilières sous l'empire de la règle générale ; mais cet arrêt justement suppose que, si la faculté d'aliéner eût été applicable à la dot mobilière, la femme eût pu subroger à son hypothèque légale. (Dev. 37. 2. 397.—Pal. 37. 2. 595.)

Un arrêt de la Cour de Riom du 22 décembre 1846, cité par M. Gauthier, juge *in terminis*, que la réserve d'aliéner les biens dotaux présents et à venir, n'emporte pas le droit de céder l'hypothèque légale; cet arrêt avait été précédé d'une discussion bien complète puisqu'il était rendu sur la plaidoirie de M. de Parieu, contre la plaidoirie de M. Rouher; toutefois nous ne saurions nous associer à l'approbation qu'il a obtenue de deux de nos principaux recueils de jurisprudence, (de Villeneuve, 47. 2. 195. journal du Palais 1847, tome 1er, p. 126.) La doctrine des arrêts de la Cour de Caen, des 18 novembre 1851 et 8 juin 1852 et des arrêts de la Cour de Lyon nous semble beaucoup plus juridique.

40. Une femme mariée sous le régime de la communauté, avec stipulation qu'en cas de renonciation, elle exercerait la reprise de son apport, en exemption de toutes dettes sociales, même de celles auxquelles elle au-

rait concouru avec son mari, pourrait-elle
efficacement subroger un créancier dans le
droit d'exercer cette reprise? — Pourquoi
non? — Quelques arrêts ont, à la vérité,
décidé qu'une femme, en se mariant sous
le régime de la communauté, pouvait stipuler l'inaliénabilité de ses immeubles, ou soumettre leur aliénabilité, même vis-à-vis des
tiers, à des conditions de remploi. — Nous
n'avons pas à apprécier le mérite de cette jurisprudence contraire à celle que la Cour de
cassation a maintes fois consacrée (1).

La doctrine que la Cour de cassation et
M. Troplong (2) combattent, n'implique-
rait, à tout prendre, que la faculté de stipuler, même sous le régime de la communauté, l'indisponibilité des reprises. Mais
nous ne supposons pas que la femme ait
déclaré ses reprises indisponibles. Nous
supposons seulement qu'elle s'est réservé,
sur l'actif de la communauté, un droit de
préférence opposable aux créanciers sociaux
envers lesquels elle se serait personnelle-

(1) 29 décembre 1841 (Dev. 42. 1. 5.) — 23 août
1847 (Dev. 47. 1. 657.) — 13 février 1850 (Dev. 50.
1. 353.)

(2) Du Contrat de mariage, n° 79.

ment obligée. Nous n'avons pas à examiner
si ce privilége exorbitant peut être créé par
le contrat de mariage. Nous avons vu plus
d'un exemple d'une pareille stipulation.

Supposons la stipulation efficace, ce que
nous sommes loin d'admettre, parce que les
priviléges sont l'œuvre de la loi et non
l'œuvre des contrats, ces contrats fussent-
ils des contrats de mariage. Qu'importe que
la femme ait pu ou n'ait pas pu efficacement stipuler qu'elle serait payée même sur
les meubles du mari avant les créanciers de
la communauté et même avant les créanciers
au profit desquels elle aurait souscrit des obligations? Il ne s'agit pas de savoir si les obligations purement personnelles donneraient
action sur les reprises matrimoniales. La
question à examiner est uniquement celle-ci :
La stipulation de reprises en exemption de
toutes dettes sociales, même de celles contractées par la femme, est-elle une interdiction
d'aliéner ses reprises?

Toute obligation de la femme n'emporte
pas cession de ses créances sur son mari.—
L'obligation de la femme ne donne droit
par elle-même qu'à une sous-collocation ;
mais la cession des reprises dessaisit la femme du droit à la collocation et partant si le
droit de préférence a été valablement stipulé,

c'est son cessionnaire qui en profitera. — La stipulation n'a rien d'incompatible avec une stipulation de reprise matrimoniale.

On objecte que la cession des reprises, implique la validité de l'obligation personnelle de la femme, que presque toujours la cession des reprises ne sera qu'une garantie, un moyen d'exécution de l'engagement de la subrogeante.

Nous répondons qu'une femme peut céder éventuellement ses reprises, sans prendre d'obligation personnelle, et cela, à titre de nantissement purement réel, à titre de garantie d'une obligation souscrite soit par le mari, soit par un tiers, obligation à laquelle la femme veut rester absolument étrangère. La femme peut engager ses reprises, sans s'engager elle-même; donc le sort de la subrogation à l'hypothèque légale n'est pas nécessairement subordonné au sort de l'obligation personnelle, quand accidentellement la subrogation et l'obligation personnelle sont réunies. D'ailleurs de ce que l'obligation personnelle d'une femme, soumise à un certain régime matrimonial, ne serait pas de plein droit exécutoire sur ses reprises, il n'en résulterait nullement que cette obligation ne fût pas en soi parfaitement valable. Mais la

nullité de l'obligation écartée, comment, par
réaction, faire tomber la subrogation ?

Nous devons dire, toutefois, qu'un arrêt
de la Cour de Caen du 10 décembre 1852,
très-bien motivé, a proscrit notre solution.
(Jurisprudence des Cours de Caen et de
Rouen, année 1853, page 33.)

Nous ne pouvions, sans doute, négliger
les questions auxquelles nous avons consacré
ce §; toutefois elles se rattachent moins au
titre des hypothèques qu'au titre du contrat
de mariage et ce dernier titre a été, dans ces
derniers temps, et est encore l'objet de si
savants travaux que nous avons dû ne traiter
que très-sommairement des difficultés sur la
solution desquelles doivent réagir des controverses qui ont un bien plus grand caractère de généralité. Les spécialités de la subrogation à l'hypothèque légale, voilà l'objet de
notre étude.

41. On s'est beaucoup préoccupé dans ces
derniers temps des dangers qu'entraîne pour
les femmes la liberté de transporter à des
tiers les garanties, les avantages tutélaires
dont elles sont environnées ; on s'est plaint
de la facilité avec laquelle des droits, dont
la conservation a paru si importante que la
loi a fait fléchir devant eux tout autre inté-

rêt, passent des mains dans lesquelles ils ont été placés à des mains étrangères. (Revue de législation et de jurisprudence, livraison d'août 1841, pages 227 et 228.—Article de M. Bresson sur la révision du régime hypothécaire.)

Plusieurs Cours et plusieurs Facultés de droit ont exprimé le vœu que la femme ne pût subroger à son hypothèque légale qu'avec l'autorisation de justice. Ce vœu était notamment exprimé par les facultés de droit de Paris et de Rennes, par la Cour de Metz et par la Cour de Pau.

La Faculté de droit de Paris demandait de plus que la femme ne pût s'obliger avec ou pour son mari.

La Faculté de droit de Strasbourg n'admettait, elle, la subrogation à l'hypothèque légale ou la renonciation à cette hypothèque, qu'à la condition qu'il y aurait une obligation personnelle souscrite par la femme.

Mais si la capacité des femmes qui n'ont pas stipulé l'inaliénabilité de leurs biens doit rester sous l'empire de l'art. 217 du Code Napoléon, si l'on ne veut pas faire revivre le Sénatus-consulte Velléien, pourquoi exiger, pour l'affectation spéciale des reprises dotales, plus de précautions que pour l'affectation générale sous laquelle tombent ses reprises,

par suite d'une obligation simplement chirographaire, plus de précautions même que
pour l'aliénation d'un immeuble? — Il ne
faut pas oublier que si la femme qui consent
la subrogation a le plus souvent, à côté d'elle
et comme conseil intéressé, son mari, ce n'est
pas avec lui qu'elle traite ; ce n'est pas entre
elle et lui qu'intervient le contrat ; le mari
et la femme ne sont pas en face l'un de l'autre ; dans la subrogation proprement dite la
femme n'éteint pas son hypothèque, n'en
libère pas le grevé, mais en opère le transport
éventuel accessoirement à ses créances. Un
professeur trop tôt enlevé à la science du
droit, M. Alban d'Hautuille, en critiquant
ces propositions, a très-judicieusement fait
remarquer que toute restriction apportée à la
capacité des personnes est une entrave à la
liberté des transactions civiles et qu'un expédient de ce genre ne doit par conséquent être
adopté que dans le cas d'absolue nécessité.
(*De la révision du régime hypothécaire.*)

Quant à la proposition de la faculté de
droit de Strasbourg, son remède contre le
danger n'en était-il pas l'aggravation?

§ III.

COMMENT LA SUBROGATION A L'HYPOTHÈQUE LÉGALE S'OPÈRE-T-ELLE ?

Sommaire.

42. Subrogation expresse et subrogation tacite.
43. Faits qui entraînent la subrogation tacite.
44. Opinion de M. Duranton. — Réfutation.
45. Arrêtés de Lamoignon.
46. Controverse sous l'ancien droit.—Dénizart, Basnage.
47. Art. 20 du décret du 9 avril 1852. — Ses conséquences.
48. Hypothèse d'un mandat donné par la femme pour vendre ou hypothéquer un conquêt de communauté.
49. L'obligation souscrite solidairement par une femme envers son mari, emporte-t-elle subrogation à l'hypothèque légale ?
50. *Quid* du jugement de condamnation solidaire contre la femme et le mari ?
51. Examen de diverses hypothèses. — Opinion de M. Mourlon.
52. Arrêt de Caen contraire à l'opinion de M. Mourlon.
53. La simple obligation de la femme envers un créancier du mari, ne donne-t-elle pas au moins le droit à ce créancier de se prévaloir

au préjudice des autres créanciers de l'hypothèque légale à la date de cette obligation ? —
Difficulté de cette question. — Savante dissertation de M. Coin-Delisle.

54. La femme n'est-elle pas réputée avoir subrogé
à son hypothèque légale l'acquéreur d'un conquêt ou le créancier auquel un conquêt a été
hypothéqué lorsqu'elle accepte la communauté, bien qu'elle n'ait pas concouru personnellement aux actes.—Opinion de M. Gauthier. — Observations.

55. Les art. 2144 et 2145 régissent-ils les subrogations ?

56. Opinion des Commissions qui ont préparé la discussion des projets de réforme hypothécaire.

57. Les art. 2144 et 2145 ne sont-ils pas au moins
applicables aux renonciations extinctives ?

58. La subrogation peut-elle toujours résulter d'un
acte sous seing privé ? Distinction proposée
par M. Gauthier.

59. La subrogation doit-elle être signifiée au mari ou
acceptée par le mari dans un acte authentique?
— Opinion de M. Gauthier. — Objections.

60. L'efficacité de la subrogation est-elle subordonnée à la possession du titre constatant l'existence des reprises ?

61. La subrogation est-elle subordonnée à l'inscription ?

62. Vœux de réforme. — Opinion des Commissions
qui ont préparé la discussion à l'Assemblée
Législative.

63. Utilité de l'inscription.

64. La subrogation non inscrite, mais signifiée au

mari , empéche-t-elle le tiers-détenteur de
l'immeuble hypothéqué d'agir comme si la
femme était restée titulaire de l'hypothèque?
— Controverse avec M. Mourlon.

65. Questions que soulèvent les art. 20 , 21 , 22 du
décret du 21 février — 9 avril 1852.

66. Si la subrogation ne résulte pas d'un acte authentique , la femme n'est-elle pas réputée,
dans les relations hypothécaires , toujours
propriétaire des reprises?

67. Controverse avec M. Mourlon.

68. Projets de réforme.

42. La subrogation est expresse ou tacite :
elle est *expresse* non seulement quand le mot
de subrogation est employé, mais quand elle
résulte de termes équipollents.—Elle est *tacite*
quand la femme , non par ses paroles, mais
par sa conduite , *RE non VERBIS*, dépose
nécessairement de son intention de subroger.

43. Le seul fait qui soit assez caractéristique
pour entraîner la preuve de cette intention
de subroger, c'est l'assistance, la participation de la femme à l'acte par lequel les immeubles qui lui sont affectés , sont vendus
ou hypothéqués.—En figurant à la vente ou
à la constitution d'hypothèque , ne doit-elle
pas être réputée avoir voulu , si elle n'en a
formellement stipulé le maintien , abdiquer
en faveur des personnes qui ont exigé sa pré-

sence , les droits dont étaient menacés ceux à la formation desquels elle a concouru? Il n'est pas raisonnable de lui supposer, à moins de déclaration contraire , la pensée de conserver, au préjudice d'un contrat que son assentiment a confirmé , des avantages qui pourraient paralyser son exécution. L'abdication translative de ces avantages, c'est une protection et cette protection n'est-ce pas un devoir de la supposer plutôt qu'une réserve hostile ?

Nous disons que l'abdication résultant du concours de la femme à la vente ou à l'hypothèque doit être présumée *translative* et non *extinctive* et nous en avons, sous le n° 33, indiqué les motifs : le mari comparaît à l'acte pour transmettre ou affecter sa propriété , la femme pour abandonner éventuellement les droits qu'elle avait sur cette propriété (1).

44. M. Duranton (2) soutient que le concours de la femme à la vente ou à l'affectation de l'immeuble grevé de son hypothèque n'opère ni une renonciation translative, ni même une renonciation extinctive , c'est-à-dire qu'il

(1) Arrêt de Rej. du 4 fév. 1839. — Dev. 39-1-107.
(2) xx , N° 301.

n'admet pas la renonciation *tacite;* il se fonde sur l'art. 784, aux termes duquel la renonciation à une succession doit être expresse, article qui, bien évidemment, n'a aucun trait à la difficulté, et sur l'art. 621 qui déclare que la vente de la chose sujette à usufruit ne fait aucun changement dans le droit de l'usufruitier. L'art. 621 ne suppose pas que l'usufruitier ait concouru sans réserve à l'aliénation. Cette opinion solitaire est condamnée par la jurisprudence et proscrite par tous les auteurs modernes. Elle est contraire à la doctrine de l'ancien droit, comme M. Duranton le reconnaît lui-même.

45. Cependant les arrêtés de M. de Lamoignon, que M. Duranton ne cite pas, auraient pu fournir une autorité en faveur de sa solution. — « Le créancier retient et con- » serve son hypothèque sur l'héritage aliéné » par son débiteur, encore qu'il ait agréé » l'aliénation par quelques actes et signé le » contrat avec déclaration que l'héritage était » franc et quitte de toutes hypothèques, si » ce n'est que par une clause expresse et spé- » ciale il ait renoncé à son hypothèque. (1) »

(1) Tit. xxvi. De l'extinction des hypothèques, tome 1er, page 159 (édit. in-4º de 1777).

M. de Lamoignon admettait l'effet translatif de la renonciation expresse : — « En
» cas de renonciation expresse, celui au pro-
» fit duquel elle est faite, entre dans l'hypo-
» thèque de celui qui renonce et celui qui
» a fait sa renonciation succède à l'hypothè-
» que de l'autre, le tout de plein droit, par
» une subrogation tacite et mutuelle, sans
» autre stipulation, jusqu'à sommes concur-
» rentes. »

46. Dans l'ancien droit, le point de savoir
si la présence de la femme à la vente de l'immeuble qui lui était hypothéqué, avait un
effet translatif ou extinctif était au moins
controversé, comme le prouve ce passage
d'une discussion rapportée dans la dernière
édition des décisions nouvelles de Denisart (1).

« Il faut distinguer le cas où une femme
» consent librement à la vente d'un immeu-
» ble d'avec celui où elle est co-venderesse.
» Dans le premier cas son hypothèque sur
» l'immeuble se trouve éteinte ; dans le se-
» cond elle ne s'éteint point, mais elle est
» seulement cédée et transmise à l'acquéreur.
» La femme cède alors à cet acquéreur tout
» le droit qu'elle a dans l'héritage et sur

(1) V⁰ Hypothèques, § 6, p. 790. 1ʳᵉ colonne.

» l'héritage et conséquemment l'hypothèque
» dont il était chargé envers elle. »

Basnage distinguait entre le cas où le
créancier consentait à la vente de l'immeuble
qui lui était hypothéqué et le cas où il ne
consentait qu'à l'affectation de cet immeuble
au profit d'un nouveau créancier. — Dans le
premier cas, il admettait que l'hypothèque
était effacée, éteinte au profit de tous les intéressés. — Dans le second cas, c'était pour lui
une question d'intention que celle de savoir
si le créancier avait seulement abandonné sa
place au nouveau créancier, où s'il l'avait
abandonnée, d'une manière absolue dans l'intérêt de tous les créanciers qu'il primait (1).

Cette controverse devait, suivant nous,
survivre au Code et elle n'appelle pas une solution législative.

47. Le décret du 9 avril 1852 qui règle-
mente les conditions d'existence des sociétés
de crédit foncier semble consacrer la solution doctrinale de M. Duranton sur l'inef-
ficacité du concours de la femme à l'acte
par lequel le mari aliène ou hypothèque un
immeuble.

(1) Basnage, t. 2, traité des hypothèques, p. 90,
4e édition. (1778.)

Art. 20. — « Lorsque la femme mariée
» est présente au contrat de prêt , elle peut
» si elle n'est pas mariée sous le régime do-
» tal , consentir une subrogation à son hy-
» pothèque légale jusqu'à concurrence du
» montant du prêt. Si elle ne consent pas
» cette subrogation, et sous quelque régime
» que le mariage ait été contracté, le notaire
» l'avertit que pour conserver vis-à-vis de la
» société le rang de son hypothèque légale ,
» elle est tenue de la faire inscrire dans le
» délai de quinzaine. L'acte fait mention de
» cet avertissement sous peine de nullité. »

Si la présence de la femme à l'acte de
prêt emportait subrogation de la société à
l'hypothèque légale ou même seulement extinction de cette hypothèque , le notaire
n'aurait pas à mettre la femme en demeure
de s'inscrire dans la quinzaine.

Mais de ce texte spécial, peut-on conclure
qu'il n'y a pas de subrogation ni même de
renonciation tacite à l'hypothèque légale? Évidemment non. — Ce texte est sans influence
sur le droit commun ; une législation à part,
exceptionnelle, régit les sociétés de crédit foncier, les investit de grands priviléges qu'elle
subordonne à des conditions qui restent étrangères à la loi générale.—Le décret a voulu,
sans doute, qu'il n'y eût aucune difficulté

d'interprétation possible, aucun doute sur
la volonté de la femme : il a exigé une subrogation expresse. Voilà tout.

48. Revenons au droit commun.

Il est bien clair que la vente ou l'affectation hypothécaire d'un de ses immeubles
propres ou d'un conquêt de communauté
consentie par le mari sans le concours ma-
tériel de la femme, mais avec un mandat
spécial pur et simple, emporterait subrogation (1).

49. Lorsqu'une femme souscrit solidairement avec son mari une obligation sans qu'il
y ait d'affectation hypothécaire sur les immeubles de celui-ci, on ne saurait dire qu'elle
subroge tacitement. Elle ne peut faire le sacrifice de son droit réel à la défense d'un
droit réel qui n'existe pas ; c'est la coopération à l'établissement d'un titre de préférence sur son mari qui emporte la preuve
de la volonté d'améliorer ce titre, de le mieux
assurer par l'abandon du sien et ici aucun
titre de préférence n'a été créé (2).

(1) Voir en ce sens, Cassat. 12 juin 1839. Dev.
39-1-467.

(2) Grenier, des hypoth., tome 1, n° 254. — Prou

50. Le jugement qui condamne la femme solidairement avec le mari, entraîne-t-il au moins au profit du créancier subrogation à l'hypothèque légale? La femme est partie au titre qui confère l'hypothèque judiciaire. Oui, mais elle ne confirme pas volontairement cette hypothèque; elle ne lui donne pas une adhésion spontanée. Or il s'agit uniquement, dans la subrogation à son hypothèque légale, d'une abdication toute volontaire. — Le jugement qui est rendu contre elle soumet bien ses biens à une hypothèque judiciaire, mais elle ne l'exproprie pas de l'hypothèque qu'elle a sur les biens de son mari. C'est ce que la Cour de Caen a décidé dans un arrêt remarquablement motivé, rendu sous la présidence de M. Binard (1).

M. Grenier avait prévu cette question et l'avait résolue dans le sens de l'arrêt (2).

51. L'existence même de l'affectation don-

dhon, usufruit, IV, n° 2334. — Orléans, 24 mai 1848 (Dev. 50-2-145). — Troplong, Hypothèq., tome 2, n° 603.

(1) Caen, 15 juillet 1840. (Dev. 40-2-522). *Sic* Cassat., 27 novembre 1834. (Journal du palais, tome 25, page 1065.)

(2) Des hypoth., tome 1, n° 251.

née par le mari serait indifférente si elle n'avait eu lieu dans l'acte même constitutif de l'engagement solidaire ou non solidaire de la femme. En effet, dans ce cas, la femme aurait pu ignorer l'existence de cette affectation, et partant elle ne serait pas convaincue d'avoir été mise en demeure, sommée en quelque sorte d'avertir si elle entendait lui dénier son appui.

Lorsque la femme s'oblige solidairement avec son mari et que l'affectation hypothécaire contenue dans l'acte n'est faite qu'au nom du mari, propriétaire des immeubles affectés, peut-on dire qu'il y a subrogation tacite à l'hypothèque légale? — Non, dit M. Mourlon, la présence de la femme s'explique autrement que par une pensée d'abdication : la femme s'engage personnellement (1), sa signature a une portée indépendante de la renonciation, et par conséquent la renonciation ne doit pas être supposée. — M. Mourlon aurait pu invoquer, sous ce rapport, non pas la solution, mais les principes de Pothier (2) qui n'admet de renonciation tacite qu'autant que le consentement du

(1) Traité des subrogat. personn., page 612.
(2) Des hypothèq. Ch. III, § 5.

créancier *ne peut guère paraître être donné et requis à d'autres fins.*

Mais la jurisprudence n'a pas fait de distinction entre le cas où la femme était ou n'était pas restée étrangère à la constitution d'hypothèque. — La femme doit faire des réserves si elle entend garder le droit de nuire au droit hypothécaire qui se forme en quelque sorte sous ses auspices. M. Devilleneuve (1) cite de nombreux arrêts en ce sens.

52. A ces arrêts il faut ajouter un arrêt du 3 mai 1852, de la Cour de Caen, première chambre, rendu sous la présidence de M. Dupont-Longrais (2) qui discute les objections de M. Mourlon. — « Considérant que l'on objecte que le concours de la femme Hallot à l'acte, s'est uniquement renfermé dans l'obligation personnelle à laquelle elle s'est solidairement associée, et qu'elle n'a pris aucune part à la convention de l'hypothèque qui a été le fait du mari seul ; mais que cette objection s'appuie sur une subtilité ; que si, en effet, dans la partie de l'acte

(1) 50, 2, 145.
(2) Rec. des arrêts de Caen, 1852, page 164.
Voir aussi Dev. 50. 2. 531.

où il s'agit de l'établissement de l'hypothèque, il n'y a que le mari qui stipule,
cela s'explique par la circonstance que les
biens hypothéqués étaient sa propriété personnelle, et qu'il n'appartenait qu'à lui d'en
consentir l'affectation; qu'il n'en est pas
moins vrai que l'acte formait un tout que
les deux époux ont scellé de leur signature
et auquel chacun d'eux a sisté avec l'intention et dans le but d'assurer, suivant la
mesure de son pouvoir, l'exécution de l'o-
bligation qui y était contractée. »

Il est vrai que l'arrêt ajoute aux considé-
rations de raison quelques motifs de fait.

53. Il est un cas où, par exception, la
simple obligation de la femme paraît entraîner, par elle-même et indépendamment de
toute adhésion à la formation d'un droit
réel créé par le mari, une subrogation limitée à son hypothèque légale : — Une femme s'engage pour les affaires de la communauté solidairement avec son mari qui ne
consent aucune affectation hypothécaire. Aux
termes de l'art. 2135 Code Napoléon, la femme a hypothèque légale du jour de son obligation pour l'indemnité de la dette par elle
contractée. — Si elle acquitte cette dette, il
est bien certain qu'elle pourra utilement,

efficacement subroger, conformément au droit commun, à l'hypothèque qui garantit son recours; mais, même avant d'avoir payé, même avant qu'elle ait été poursuivie, si le mari est en faillite ou si la dette est échue, la femme, comme caution (art. 1431), peut réclamer collocation éventuelle sur le prix des biens du débiteur principal (1).

Bien évidemment la femme ne peut se dessaisir du droit de réclamer cette collocation et en saisir un tiers, un cessionnaire, au préjudice du créancier de la dette : comment transporterait-elle un droit à des deniers qu'elle ne touche que pour la dispenser de supporter définitivement le poids d'une dette qui n'est pas, dans la réalité, la sienne? — La destination de ces deniers n'est-elle pas de libérer, en même temps que la femme, le mari dont les biens servent au paiement? — Le créancier qui a la femme pour obligée peut donc se présenter à l'ordre et emporter la collocation : donc, peut-on dire (et des auteurs et des arrêts l'ont dit) (2), il est par

(1) Cassation 2 janvier 1838 (Dev. 38. 1. 560). — M. Valette, Privil. et hypoth. page 266. — M. Troplong, du Cautionnement, n° 415.—Dalloz, Rep. V° Cont. de mariage, n° 1054.

(2) Voir M. Gauthier, Traité de la subrogation de personnes, n° 589.

le seul fait de l'obligation de la femme, subrogé au moins au bénéfice de l'hypothèque
à laquelle cette obligation a donné naissance.

Supposons que le créancier puisse intervenir et réclamer le montant de la collocation ;
admettons même que le mari ait qualité pour
exiger que les fonds soient versés directement
au créancier, pour qu'ils reçoivent la destination à laquelle l'intérêt de sa libération
les affecte. — Faudrait-il en conclure que le
créancier serait véritablement cessionnaire
de la reprise de la femme? Non ; le droit
du créancier à la collocation dont il s'agit ne
dériverait pas d'une cession proprement dite.
La femme, sans doute, ne peut céder efficacement l'éventualité de cette reprise, au
préjudice du créancier envers lequel elle
s'est obligée ; mais pourquoi? C'est que le
cessionnaire de la femme n'aurait droit à la
collocation qu'aux conditions auxquelles la
femme y aurait droit elle-même ; à savoir,
à la charge de procurer au débiteur qui
paie, au mari, sa libération.

Mais est-il vrai que le créancier de la
femme et du mari, par cela seul qu'il a la
femme pour obligée, puisse réclamer collocation à la date de l'hypothèque légale attachée à l'indemnité éventuelle? Est-ce qu'il
peut dépendre de lui de convertir, à son pro-

fit singulier, une éventualité en une certitude, et d'enlever aux créanciers hypothécaires, qui ont acquis des droits depuis l'obligation de la femme, des deniers qui étaient leur gage, sous la seule condition que la femme n'acquitterait pas *de suo* une dette pour laquelle vis-à-vis de son mari elle n'était réputée que caution? Comment le créancier, qui a la femme pour obligée, peut-il priver les autres créanciers du mari de la chance d'une condition qui les dégrève de l'hypothèque purement éventuelle de la femme? A quel titre pourrait-il se doter du bénéfice de l'hypothèque légale, au préjudice de créanciers qui lui seraient préférables s'il était réduit à son propre droit? Supposons que la femme soit insolvable; tout annonce qu'elle ne sera jamais exposée à payer la dette de son mari, qu'elle ne sera pas même l'objet d'une poursuite. Sans doute son insolvabilité actuelle n'impliquant pas qu'elle sera insolvable à toujours, elle a droit, à titre de mesure conservatoire, à une collocation; mais cette collocation, elle ne peut pas la toucher. Les créanciers postérieurs la recevront, à charge de rapport pour le cas où la femme paierait la dette du mari. La femme a droit à une garantie; mais le créancier envers lequel elle s'est obligée ne peut s'emparer d'une hypothèque qui n'est pas créée dans son intérêt et qui n'existe que pour une hypothèse qui peut bien ne pas se réaliser.

La loi accorde à la femme une sûreté pour l'efficacité de son recours contre le mari ; elle n'autorise pas la femme à convertir, en faveur d'un tiers, une hypothèque conditionnelle en une hypothèque pure et simple, sous le prétexte de prévenir la nécessité d'un recours ; c'est-à-dire d'anéantir la cause qui, seule, donnerait naissance au droit hypothécaire. Nous avons vu, dans une espèce soumise récemment à la Cour de Caen (1), la femme d'un failli, caution d'une dot constituée à sa fille, réclamer condamnation contre la masse, du montant de cette dot, sous le prétexte qu'elle, caution, serait peut-être obligée de l'acquitter, et, grâce à ce moyen, elle dérobait la créance chirographaire de son gendre à la loi de la faillite, substituant ainsi au droit de réclamer un marc le franc, le droit de se faire payer par préférence sur le prix des immeubles, à la date de la constitution dotale.

La Cour de Poitiers, dans ses observations

_____

(1) Affaire Huet, arrêt de la 1re chambre, 23 mai 1853.

sur la réforme du régime hypothécaire, a
très-bien mis en lumière les inconvénients
du système qui semble prévaloir dans la jurisprudence et dans la doctrine. (Documents
sur le régime hypothécaire, t. 2 p. 345).
Le mal ne vient pas d'un vice de la loi; il
est, à notre sens, la conséquence d'une interprétation erronée.

Nous ne nous dissimulons pas qu'il sera
toujours au pouvoir de la femme de tromper le vœu de la loi, et de faire indirectement profiter le créancier, envers lequel elle
s'est engagée, de l'hypothèque légale qui assure l'efficacité de son recours contre son
mari ; le procédé est bien simp'e: elle em-
pruntera, en cédant au bailleur de fonds son
droit de recours et l'hypothèque qui en est
l'accessoire ; avec les deniers qu'elle se sera
ainsi procurés, elle remboursera la créance
dont finalement elle n'est que caution, et le
prêteur, subrogé à son indemnité, profitera
de l'hypothèque légale; il sera toujours facile d'accomplir la condition à laquelle le
caractère définitif de la collocation de la
femme était subordonné. Cela est très-grave.
Mais de ce que la loi n'a pas prévu , et
par suite n'a pas paralysé toutes les combinaisons qui peuvent déjouer sa volonté,
est-il permis de conclure que, dans le cas

même où ces combinaisons ne sont pas em-
ployées, la loi doit être interprétée en un
sens tel qu'on n'ait aucun effort à faire pour
atteindre le résultat qu'un moyen indirect
pourrait produire, par une sorte de fraude.

Un principe juridique ne cesse pas d'être
vrai par ce qu'il y a des moyens de se sous-
traire à son empire.

Vainement, objecterait-on, que la loi offre
à la femme un moyen très-direct de faire
profiter le créancier de l'hypothèque légale
attachée à sa créance d'indemnité, puisqu'aux
termes de l'art. 2032, § 2, la caution, même
avant d'avoir payé, peut agir contre le débiteur en faillite ou en déconfiture pour être
indemnisée. — La femme, pourrait-on dire,
fera condamner le mari, sous une contrainte
égale à la créance par elle cautionnée, à rembourser la dette, puis elle réclamera le montant de cette contrainte, en vertu de son hypothèque légale, et versera les deniers au créancier qui l'a pour obligée. L'objection suppo-
serait justement ce qui est en question, à
savoir que la femme, agissant en vertu de
l'art. 2032, serait de condition meilleure
que le créancier dont elle exercerait le droit,
et que son hypothèque légale préexisterait
au fait qui en est la condition, au paiement

de suo de la dette dont, à l'égard du mari, elle n'est que caution.

Cette solution n'ôte pas son intérêt à une discussion toute récente de l'un de nos plus savants jurisconsultes, M. Coin-Delisle.

Un commerçant, à la veille de sa faillite, veut favoriser l'un de ses créanciers; dans les dix jours qui précèdent la cessation de ses paiements, il fait accéder la femme à son obligation personnelle; la femme est mariée sous le régime de la communauté; elle peut engager ses reprises; elle les engage, mais de cet engagement naît une reprise éventuelle; les immeubles du mari ne sont pas encore absorbés par le passif hypothécaire; l'hypothèque du recours de la femme trouvera des valeurs libres; ces valeurs, le mari ne pourrait les affecter au créancier qui a ses préférences. L'art. 446 du Code de commerce annulle l'hypothèque consentie, dans les dix jours de la cessation des paiements, au profit d'un créancier pour dette antérieure; la femme acquittera cette dette antérieure, et à l'hypothèque conventionnelle inefficace, elle substituera, au détriment de la masse, une hypothèque légale que la loi commerciale ne proscrit pas.

La masse pourra-t-elle s'abriter contre cette combinaison de partialité?

D'abord, il paraît certain que l'art. 446 est inapplicable, qu'il n'y a aucune présomption, *juris et de jure*, de fraude ; il ne s'agit pas d'une hypothèque conventionnelle ou judiciaire sur le mari ; la femme consent un nantissement, mais sur des créances qui lui sont personnelles, et de ce nantissement résulte l'éventualité d'une nouvelle créance. Un arrêt de la Cour de cassation du 7 novembre 1848, rendu sur le rapport de M. Troplong, a jugé la question en ce sens. (De Villeneuve, 49-1-121.)

Mais est-ce à dire que l'art. 447 ne pourra pas être invoqué au secours de la masse? De ce que la fraude n'est pas légalement présumée, il faut se garder de conclure qu'elle ne pourra pas être prouvée et réprimée : il ne paraît pas contestable que si la femme a connu la situation de son mari, elle n'acquerra pas d'hypothèque légale, elle ne réussira pas à rendre la masse victime d'un acte de faveur. Un arrêt de la Cour de cassation du 15 mai 1850, qui n'a rien de contraire à l'arrêt du 7 novembre 1848, a consacré cette solution. (De Villeneuve, 50-1-609.)

Mais l'obligation de la femme envers le tiers sera-t-elle nulle? Non, si le tiers était de bonne foi, s'il n'a pas stipulé cette obliga-

tion en prévoyance de la faillite. Que s'il a
été initié au secret de la détresse du débiteur, il semble que la position que la femme
a entendu se faire ne puisse être scindée. Elle
a bien voulu cautionner son mari, mais à la
condition d'obtenir un recours hypothécaire ;
si ce recours lui est enlevé dans l'intérêt de
la masse, pourquoi le tiers aurait-il tout le
bénéfice d'une fraude dans laquelle la femme
ne devait jouer que le rôle de simple instru-
ment ? Que si le tiers seul a prévu la faillite,
que la femme ait pu raisonnablement avoir
confiance dans la situation de son mari, la
masse, pour prévenir la possibilité du recours pourra se prévaloir de l'art. 447 du
Code de commerce et de l'art. 1167 du Code
Napoléon, et elle sera recevable à demander
la nullité de l'engagement de la femme, parce
que la nullité de cet engagement sera la condition *sine qua non* de la non existence de
l'hypothèque légale. Il faut lire sur ce point
la savante dissertation de M. Coin-Delisle. (1)

54. Lorsque le mari, dans la plénitude de
ses pouvoirs sur la communauté, hypothèque
ou vend un conquêt, ne représente-t-il pas
sa femme en vertu d'un véritable mandat

_____

(1) Revue critique, 1853, page 221.

légal et par suite, n'opère-t-il pas, au préjudice de celle-ci, une subrogation à l'hypothèque sur ce conquêt, en un mot, la femme,
si elle accepte la communauté n'est-elle pas
réputée avoir concouru à la vente ou à l'affectation du conquêt? — L'acceptation de la
femme, dit M. Odier (1), équivaut absolument
à une intervention, à un consentement exprès de sa part. — « La femme, par son
» acceptation, dit M. Mourlon (2), ratifie
» tous les actes d'aliénation émanés de son
» mari. » — *Ratihabitio mandato æquipa-
ratur.*

Nous avons essayé d'établir ailleurs tout
ce que cette théorie a d'erroné et de dange-
reux (3). Le mari a représenté la personne
civile de la Société ; il n'a pas agi au nom
de sa femme dont le droit n'était pas ouvert ; il a obligé la Société et non sa femme ;
l'obligation de la femme subordonnée à son
acceptation ne datera jamais que du jour de
la dissolution de la communauté; elle ne
rétroagira point au jour de la souscription
de l'engagement par le mari.— Les art. 1483
et 1487 du Code Napoléon rapprochés prou-

(1) Traité du Cont. de mariage, n° 569.
(2) Répétit. écrites, tom. 3, p. 466.
(3) De l'Hypoth. lég. sur les Conquêts, n°s 22
et 26.

vent cela jusqu'à l'évidence : la femme qui
a fait un inventaire a le privilége, même à
l'égard des tiers, de n'être tenue des dettes
de la communauté auxquelles elle n'a pas
personnellement figuré, que dans la mesure
de son émolument (1483). — Mais elle est
tenue au moins jusqu'à concurrence de moitié envers les créanciers qui ont exigé son
accession à l'obligation (1487). — Elle ne
peut opposer à ces derniers créanciers le
privilége de l'art. 1483 (1). Pourquoi cette
différence? — Si l'acceptation de la femme
la faisait rétroactivement considérer comme
ayant participé, dans la personne d'un mandataire, à la dette contractée par le gérant
social, elle serait toujours tenue de la moitié
de la dette, et si cette dette avait été l'objet
d'une condamnation pendant l'existence de
la société, l'hypothèque judiciaire atteindrait
ses propres, puisque la femme serait réputée
avoir été condamnée comme débitrice, bien
qu'elle n'eût pas été partie au jugement. La
femme n'est que l'ayant-cause de la communauté et les effets de son acceptation ne re-
montent qu'au jour où l'être juridique dont

(1) Troplong, Contrat de mariage, n° 1793. —
Odier, 1, n° 644. — Marcadé, sur l'art. 1486, p. 643,
in fine.

elle tient ses droits a cessé d'exister. — Voilà pour nous la vérité.

M. Gauthier (de la subrogation de personnes, n°ˢ 594 et 595) résout la question dans le même sens que nous. Il s'élève avec force contre la théorie du prétendu mandat en vertu duquel la femme acceptante serait réputée avoir personnellement concouru aux engagements souscrits par le mari pendant la communauté ; ses arguments sont ceux que nous avons développés dans notre monographie *de l'hypothèque légale sur les conquêts de la communauté.*—Il croit, comme, nous que les conquêts sont grevés de l'hypothèque légale, même en cas d'acceptation par la femme. Sa théorie ne diffère de la nôtre qu'en ce qu'il considère que la communauté ne constitue pas un être juridique, une personnalité distincte de la personnalité de chaque époux ; pour lui, le mari a, activement et passivement, sur les conquêts, dans ses rapports avec les tiers, les mêmes droits que sur ses propres. Dans son système, la confusion entre les biens du mari et ceux de la communauté n'a pas été seulement une confusion provisoire, s'évanouissant par l'acceptation de la femme, —c'est une confusion définitive, irrévocable, quoi qu'il advienne, que la femme accepte ou qu'elle renonce. En supposant qu'il y ait une sorte de société entre la femme et le mari, c'est une société en participation qui ne sera pas opposable aux tiers, une société qui ne rétroagira point, et qui n'aura vraiment d'existence que pour les résultats de la gestion maritale. S'il en était ainsi, les créanciers qui auraient obtenu avant le mariage, des condamnations contre le mari pour des dettes ne devant pas tomber à la charge de la communauté, auraient une hypothèque primant toujours l'hypothèque légale, non-seulement sur la part des conquêts que le mari recueillerait dans le partage, mais sur la part que la femme prélèverait en vertu des art. 1470 et 1471 du Code Napoléon, ou recevrait à titre de lot. Nous ne voulons ici que signaler cette conséquence qui ne se réalise qu'en partie avec les théories que nous avons combattues ailleurs, les théories de Lebrun et de M. Troplong; en effet, dans ces dernières théories, le créancier du mari, pour dette antérieure au mariage qui reste dette propre, ne prime la femme que sur les conquêts échus à son débiteur (1).

M. Gauthier, comme nous, ne fait remonter le droit de propriété de la femme sur les

(1) Nos 56, 57, 58, 59, 60 *de l'hypothèque légale* sur les conquêts de la communauté.

conquêts que du jour de la dissolution de la communauté; toutefois il écarte l'idée d'une propriété sociale appartenant, non aux associés ou à l'un d'eux, mais à l'association; suivant lui, la propriété des conquêts a toujours reposé sur la tête du mari, et la femme, par son acceptation, se fait son ayant-cause, sans cependant préjudicier à ses titres antérieurs comme créancière.

55. La femme, pour subroger, n'a-t-elle besoin que de l'autorisation maritale, et, à son défaut, de l'autorisation judiciaire, ou bien, au contraire, ne le peut-elle faire que conformément aux art. 2144 et 2145 du Code Nap., c'est-à-dire en obtenant une décision du tribunal, sur l'avis des quatre plus proches parents réunis en conseil de famille? Cette question a été souvent et longuement débattue; voici quels semblent être les résultats de la discussion. Tous reconnaissent que les art. 2144 et 2145 ne régissent pas la subrogation consentie en faveur d'un tiers qui n'a pas le mari pour obligé; l'on paraît encore disposé à ne pas appliquer ces articles, quand la subrogation, le subrogé fût-il créancier du mari, se rattache à un engagement préexistant de la femme, ou même est contemporaine de cet engagement; mais l'absence de tout lien personnel de la femme a

été regardée comme étant de nature à soumettre la subrogation aux exigences des dispositions précitées.

Nous avouons ne pas bien comprendre les
motifs de distinguer. En effet, de deux choses
l'une : ou les art, 2144 et 2145 gouvernent
aussi bien les contrats entre la femme et les
tiers que les contrats entre la femme et le
mari, aussi bien le transport éventuel de
l'hypothèque accessoirement à la créance
dont elle est la sûreté, que l'extinction de
cette hypothèque, et alors toutes les subrogations, quelles qu'elles soient, nécessitent
l'intervention de la famille et du tribunal.
Ou bien, au contraire, ces articles n'ont trait
qu'aux rapports de la femme et du mari,
qu'au dégrèvement de l'immeuble, et alors
ils doivent toujours être écartés, du moment
qu'un tiers a été en présence de la femme,
et a stipulé pour son compte singulier, du
moment surtout que le lien hypothécaire
subsiste et continue d'enlacer les biens du
mari, et qu'il a seulement changé de main
par la mutation de créancier. Entre ces deux
systèmes, le choix n'est pas douteux : l'adoption du dernier est commandée par la lettre
et par l'esprit de la loi. Eh bien! le contrat
de subrogation, lorsqu'il reste ce qu'il est
en lui-même, un contrat réel, lorsqu'il ne

s'y joint point un élement de personnalité qu'il est loin d'exclure, mais qu'il n'appelle pas, est-il moins la conservation de l'hypothèque de la femme, au lieu d'être son anéantissement? Est-il moins une stipulation du mari, ne profitant qu'indirectement à ses créanciers? Que la subrogation soit le fruit de telle ou telle pensée, de telle ou telle inspiration, qu'elle ait de la part de la femme le caractère d'un acte de désintéressement ou d'une spéculation; qu'elle vienne ou ne vienne pas en aide au mari, en même temps qu'elle est une puissante garantie pour le subrogé, qu'elle constitue un pur nantissement pour autrui, ou s'attache à une obligation antérieure ou actuelle, souscrite par la subrogeante, il n'importe : l'acte, quel que soit d'ailleurs son cachet, qui transfère une hypothèque, suppose le maintien de cette hypothèque et ne saurait être confondu avec l'acte entraînant sa radiation, sa mainlevée (1).

C'est en ce sens que la loi est interpré-

(1) Sic M. Duranton, t. 20 n° 72. — M. Troplong, Des Hypothèques n° 643 bis. — Zachariæ, § 281 note 19. — arrêt de rejet, du 30 juillet 1815, Devilleneuve, 45-1-711, Douai. — 20 mars 1851, Devilleneuve, 51-2-182. — Contrà : rejet 9 janvier 1822, Sirey 23-1-148.

tée par la doctrine et la jurisprudence, et cette solution, au point de vue législatif, a paru aux trois commissions qui ont préparé la discussion du projet de réforme préférable à la proposition des Cours de Metz et de Pau, de subordonner la subrogation à l'agrément de la justice.

56. La femme peut-elle, sans l'accomplissement des formalités des art. 2144 et 2145, consentir au profit d'un créancier de son mari, une renonciation extinctive, une mainlevée conditionnelle ? — Les motifs ou au moins tous les motifs que nous avons énoncés sous le n° précédent ne sont plus applicables. Il semble qu'une renonciation qui profite collectivement aux créanciers du mari et dont le bénéfice se distribue entre eux au marc le franc ou suivant un ordre de préférence indépendant de la femme renonçante est, en réalité, une renonciation dans l'intérêt marital.

Cependant, quand on se pénètre de la pensée qui a dicté les art. 2144 et 2145, on reconnaît que ces articles ne s'occupent que des restrictions d'hypothèque dans lesquelles le mari et la femme sont seuls en présence, qu'en un mot ils ne régissent qu'un contrat entre époux et sont étrangers aux contrats

dans lesquels les époux figurent conjointement et comme ne faisant qu'une seule partie, prenant engagement envers une autre
partie (1).

58. La subrogation peut se faire par acte
sous seing privé, comme par acte authentique.

Oui, sans doute, dit M. Gauthier, s'il
s'agit d'une subrogation expresse; mais la
subrogation tacite, ne pouvant résulter que
du concours de la femme à l'acte par lequel
le mari constitue une hypothèque, et l'hypothèque ne pouvant être conférée que par
acte authentique, il est évident que l'acte
sous seing privé n'est conciliable qu'avec la
subrogation expresse. (N° 597.)

Nous verrons bientôt que la subrogation
tacite peut résulter du concours de la femme
à la vente d'un immeuble propre du mari
ou à la vente d'un conquêt. Or, la vente
ne suppose pas nécessairement un acte authentique.

59. A quelle formalités la subrogation est-
elle soumise de la part du subrogé? — Elle
ne peut être opposée aux tiers qu'autant
qu'elle a été signifiée au mari ou qu'elle a

(1) Cassation, 12 février 1811, (Dev. 11-1-157).—
Merlin, Rep. v° Transcription, § 3, n° 5.

été acceptée par acte authentique (art. 1690).

M. Gauthier (n° 577) n'admet pas la nécessité de signifier au débiteur la subrogation ; ce n'est pas que ce jurisconsulte considère que l'hypothèque puisse être cédée
sans la créance ; il est de notre avis sur ce
point ; ce qu'il soutient c'est que le subrogé
acquiert seulement le droit de se servir de la
créance et de l'hypothèque qui continuent
d'appartenir à la femme ; mais, dans ce système, le subrogé n'étant pas saisi, au moins
éventuellement, conditionnellement, des droits
de la subrogeante, serait soumis à toutes les
exceptions opposables à la femme, quoique les
causes de ces exceptions fussent postérieures à
la subrogation ; il subirait par exemple, les
conséquences d'une compensation survenue
ex post facto : la subrogation à l'hypothèque
légale ne serait plus une sûreté véritable, une
garantie sérieuse.

60. Le subrogé pour être saisi actuellement
de la créance des reprises, doit-il, aux termes
de l'art. 2076 du C. Nap. applicable au gage
alors même que le gage porte sur un meuble
incorporel (1) avoir la possession du titre de
la subrogeante ?

(1) Cassation, 11 juin 1846 (Dev. 46. 1. 411).

Si la subrogation ne s'annonçait que comme un contrat de nantissement et n'avait en
effet que ce caractère, l'affirmative serait certaine ; mais la subrogation est un fait juridique *sui generis* ; si elle a de la parenté
et de la ressemblance avec le contrat de gage,
il faut reconnaitre cependant que ce qui
prédomine en elle , c'est la physionomie, la
forme et même, au fond, la nature du transport. C'est une sorte de transport conditionnel régi par l'art. 1690 et non par les
art. 2075 et 2076 du C. Napol. (1)

61. Mais la subrogation doit-elle être inscrite?

On l'a soutenu et l'on a dit : « Les droits
hypothécaires de la femme sont, dans sa main,
affranchis de la nécessité de l'inscription ,
mais dans la main des tiers ils doivent être
subordonnés aux conditions de publicité qui
forment le droit commun. » L'obligation dont
on veut ainsi grever le subrogé n'est pas
dans la loi et ne saurait être suppléé. La dispense d'inscrire est attachée, non à la per-

(1) Contra Mourlon. Des Subrogations personnelles, p. 587. (Conf. arrêt de la Cour de Cassat.,
Chambre civ. du 29 août 1849 , J. du Pal. 1850,
t. 1er. p. 665).

sonne de la femme à laquelle elle survit,
mais à la nature, à la qualité de la créance?
Or la femme, en subrogeant, transporte
cette créance telle qu'elle est, c'est-à-dire
avec l'avantage de ne pas être assujettie à
l'inscription jusqu'à l'accomplissement des
formalités de la purge; sans doute, avec
cette doctrine, celui qui obtient la subrogation aux droits de la femme, ne traite jamais en parfaite sécurité; il est réduit à suivre la foi de sa cédante, ou au moins du débiteur auprès duquel il a pu prendre des
informations. Il ne peut vérifier par lui-
même s'il n'existe point de subrogation antérieure : cet inconvénient n'est pas sans
gravité; mais il n'est pas particulier à la
cession éventuelle appelée subrogation; il
est commun à toutes les cessions de créances, qu'elles soient ou non hypothécaires.
Le système auquel nous nous attaquons,
ne professe pas ouvertement, mais suppose
que la femme, en subrogeant, consent sur
son hypothèque, considérée comme droit immobilier, et subsistant par lui-même, une
hypothèque conventionnelle, et alors il est
facile de concevoir qu'il exige l'inscription;
mais ce point de départ, qu'il n'ose avouer,
est inadmissible; si, comme l'a écrit Po-

thier (1), sous l'ancienne jurisprudence, les collocations hypothécaires obtenues par un débiteur, se distribuaient hypothécairement entre ses créanciers, il n'en saurait être de même d'après nos principes nouveaux ; ces collocations, aux termes de l'art. 778 du Code de procédure, sont toujours réparties comme chose mobilière, en sorte que la maxime : hypothèque sur hypothèque, ne vaut, *hypotheca hypothecæ non datur*, est aujourd'hui une incontestable vérité.

62. Un grand nombre de Cours d'appel et plusieurs Facultés de droit avaient demandé, dans leurs observations sur le projet de réforme hypothécaire, que la subrogation fût subordonnée à l'inscription. (2)

Le projet présenté par le gouvernement exigeait la publicité de la subrogation pour lui accorder effet. Mais ce projet de réforme n'infirme en rien, au point de vue doc-

(1) Introduction au titre 20 de la Coutume d'Orléans, chap. 1er, sect. 2, § 1er, n° 21, et introduction au titre 21, § 17, n° 142.

(2) Documents sur le régime hypothécaire, t. 2, p. 141, 161, 162, 168, 251, 301, 316, 321, 458, 459, 473, t. 3, p. 232; Cour d'Agen, Cour d'Aix, Cour de Grenoble, Cour de Nancy, Cour d'Orléans, Cour de Paris, Faculté de Droit de Poitiers, Faculté de Droit de Strasbourg.

trinal, la valeur des motifs que nous avons déduits. Si le projet exigeait en effet cette publicité pour les cessions de créances hypothécaires appartenant à la femme, il l'exigeait également pour les cessions de créance à hypothèque conventionnelle, et son exigence n'était pas fondée pour l'hypothèque légale sur la dispense d'inscription, puisque cette hypothèque devait être inscrite; elle n'était pas évidemment fondée sur le défaut de publicité pour l'hypothèque conventionnelle, puisque cette hypothèque restait assujettie à l'inscription Le projet, toutefois, maintenait une différence entre la cession de la créance à hypothèque légale, et la cession de la créance à hypothèque conventionnelle. Pour l'hypothèque légale, le défaut d'inscription rendait la subrogation nulle, non-seulement à l'égard des tiers, mais à l'égard de la femme. Pour l'hypothèque conventionnelle, au contraire, le défaut d'inscription était inopposable par le cédant. [Rapport de M. Persil, pages 98-99.]

L'art. 2148 de la nouvelle rédaction que la commission de l'Assemblée devait soumettre à une troisième lecture, assimilait la femme à tout autre cédant, et ne lui permettait pas de se prévaloir du défaut d'inscrip

tion pour paralyser son consentement. [Cf.
avec l'art. 2127 du projet du gouvernement.]

63. Tant que la subrogation n'est pas inscrite, la femme peut consentir dans les termes
et aux conditions des art. 2144 et 2145, Code
Napoléon, la réduction de son hypothèque
légale, et cette réduction sur la foi de laquelle
des tiers auront traité pourra être opposée
au subrogé qui se sera tenu dans l'ombre.
La femme peut même consentir au profit des
tiers, en dehors des prescriptions de ces articles, des renonciations extinctives et des
main-levées en vertu desquelles le conservateur opèrerait des radiations irrévocables;
mais elle ne pourrait transporter efficacement les reprises après qu'un premier transport signifié l'aurait dessaisie.

64. M. Mourlon (1) soutient qu'une cession
signifiée est opposable tout aussi bien à un
tiers détenteur qu'à un cessionnaire ultérieur.

« En un mot, dès que le cessionnaire a
» rempli les formalités prescrites par la loi
» pour rendre public son contrat d'acqui-
» sition, la société tout entière est réputée

(1) Page 621, in fine. Des Subrogations personnelles.

» connaître l'existence de la cession ; per-
» sonne, pas plus le tiers détenteur qu'un
» cessionnaire ultérieur de la même créance,
» n'est autorisé à soutenir qu'il l'a ignorée
» (V. ce que j'ai dit à cet égard, p. 590 et s.)
» Si les notifications à fin de purge sont ré-
» gulières, quoique faites au créancier ori-
» ginaire et à son domicile élu dans l'ins-
» cription, c'est qu'en laissant sur les re-
» gistres du conservateur le nom du cédant,
» le cessionnaire l'autorise tacitement à re-
» cevoir pour lui les notifications qui pour-
» ront être faites ; mais on ne peut pas
» supposer qu'il lui donne en même temps
» mandat de recevoir le paiement et donner
» quittance, de consentir des radiations, ou
» de renoncer à l'hypothèque. Une sembla-
» ble présomption serait contraire tout à
» la fois et à la vérité et au texte de l'art.
» 1988. »

Il nous est impossible d'assimiler le tiers
détenteur à des cessionnaires ultérieurs auxquels une première cession est opposable par
cela seul qu'elle a été signifiée au cédé ; pour
le tiers détenteur, le véritable titulaire du
droit est celui que l'inscription ou, à défaut
d'incription, la loi révèle. Il ne faut pas
transporter aux relations purement hypoté-

caires les principes qui régissent la transmission des droits (1).

65. Les art. 20, 21 et 22 du décret du 28
février, 9 avril 1852, sur les sociétés de
crédit foncier, ne résolvent peut-être pas avec
une parfaite netteté une question de subrogation qui a beaucoup d'analogie avec celle
que nous venons d'examiner.

L'art. 20 en effet règle le cas où la femme
de l'emprunteur est présente à l'acte d'emprunt, et voici ce qu'il décide :—La femme
est-elle mariée sous un régime qui permette
la subrogation et subroge-t-elle ?—La société
n'a plus rien à craindre de l'hypothèque légale.

La femme ne consent-elle pas à la subrogation?— Le notaire l'avertit que, pour conserver, vis-à-vis de la société, le rang de son
hypothèque légale, elle est tenue de la faire
inscrire dans le délai de quinzaine et l'acte,
à peine de nullité, fait mention de cet
avertissement.

L'art. 21 règle le cas où la femme n'est
pas présente à l'acte d'emprunt : l'acte d'emprunt lui est alors signifié avec avertissement qu'elle ne pourra opposer son hypo-

(1) M. Troplong. Des Hypothèques, 2, n° 644
ter.

thèque légale à la société, si elle ne l'a inscrite dans la quinzaine de la signification.

Une objection nous frappe : lorsque la
femme assiste à l'emprunt et consent une subrogation, cette subrogation rend-elle toujours toute précaution de purge inutile? —
La femme, avant de subroger la société,
s'est peut-être, par des subrogations antérieures, dessaisie de toutes ses créances et
reprises. Le décret suppose-t-il que les subrogations antérieures en faveur des tiers
qui, dans le droit commun, d'après l'état
actuel de la législation, ne sont pas subordonnées à une inscription, seront paralysées
par la subrogation nouvelle? — Déroge-t-il,
au profit des sociétés de crédit foncier, aux
principes qui régissent la transmission des
créances?

Sans doute, quand la femme, présente au
contrat, n'aura pas subrogé et aura été vainement mise en demeure de prendre inscription dans la quinzaine, cette purge spéciale
contre le titulaire apparent sera et devra
être, d'après les principes que nous avons
essayé d'établir, opposable aux subrogés antérieurs qui n'auront pas inscrit. Mais la
subrogation, consentie à la société, n'est
pas, elle, une purge : c'est une appropriation, c'est un transport de créance; et la

subrogeante dessaisie peut-elle transporter
un droit qu'elle n'avait plus?

Il est vrai que le décret dans ses articles 22 et 23, organise une purge spéciale
pour les hypothèques légales inconnues.
Mais d'abord, les termes du décret n'impliquent pas peut-être nécessairement, que
cette purge à l'adresse des hypothèques légales inconnues doive toujours être entre-
prise. — En second lieu, cette purge spéciale qui résulte d'une notification au pro-
cureur impérial, et d'une insertion dans
l'un des journaux désignés pour les publi-
cations judiciaires, semble s'appliquer
aux hypothèques légales dont l'existence est
incertaine, et non aux hypothèques légales
dont l'existence est certaine, et dont le bénéficiaire peut s'être dépouillé au profit de
cessionnaires qui n'ont pas pris d'inscription. On est d'autant plus porté à penser
que les art. 22 et 23 du décret, qui s'occupent de la purge des hypothèques légales
inconnues, sont étrangers aux hypothèques
transmises à des subrogés non inscrits, qu'il
est bien évident que, dans l'hypothèse où
la femme ne subroge pas et où elle reçoit
un avertissement de prendre inscription dans
la quinzaine, la purge est opposable non
pas seulement à la femme, mais à ses ces-

sionnaires inconnus ; ceux-ci n'auraient pas le droit de s'inscrire pendant les 40 jours depuis l'insertion dans le journal judiciaire ; l'inscription devrait se produire dans la quinzaine de l'avertissement donné à la femme. Le décret nous semble supposer tout cela. Mais ne suppose-t-il pas même que la subrogation aura la puissance d'une purge à l'égard des subrogés antérieurs non inscrits? — C'est là le point où pour nous, le doute commence. Si cette dernière solution résultait du texte, elle serait une bien grave dérogation au droit commun (1).

66. Mais faut-il, pour que l'inscription de la subrogation empêche la femme d'être considérée comme étant toujours, sous ces derniers rapports, investie de son hypothèque, que cette subrogation résulte d'un acte authentique?

(1) La loi nouvelle des 27 mai, 10 juin 1853, n'ôte pas tout intérêt à ces questions. En effet, d'une part elle laisse à la doctrine et à la jurisprudence le soin de déterminer quel sera l'effet, au profit de la Société de Crédit foncier, de la subrogation à l'hypothèque de la femme, et d'autre part elle rend la purge des hypothèques légales facultative. Donc, il faut savoir si la subrogation aura les conséquences d'une purge à l'égard des subrogés antérieurs non inscrits.

Voir *infrà*, n° 80-81-82.

On l'a soutenu, et on s'est fondé sur l'art. 2152 du Code Nap., qui exige l'authenticité de la cession pour que le cessionnaire puisse changer dans l'inscription le domicile élu par le cédant. — La réponse paraît facile : il est juste, sans doute, que celui qui veut modifier, dans une de ses parties essentielles, une inscription qu'il n'a pas lui-même requise, représente un titre authentique; mais il n'y a pas de motif d'imposer, et la loi n'impose pas cette représentation, quand il ne s'agit pour le cessionnaire que de prendre, à ses périls et risques, et en son nom, une inscription qui ne détruit aucune des sûretés du créancier originaire. Quel danger y a-t-il pour la femme à attribuer à la subrogation sous seing privé, autant d'effet qu'à la subrogation par acte authentique? Si elle a une inscription de son chef, le maintien de son élection de domicile, et par suite du moyen qu'elle s'est réservé de recevoir tous les avertissements nécessaires, lui assure la connaissance de toutes les significations qui peuvent l'intéresser, puisque ces significations doivent être faites à ce domicile suivant les art. 2183 du Code Nap., 695 et 753 du Code de procédure. Qu'importe à la subrogeante que ces significations soient à son adresse ou à l'adresse du subrogé, puisque c'est à elle seule, tant qu'il n'y a pas de titre authentique, qu'il appartient de fixer en quel lieu elles doivent être notifiées? Mais si la femme n'a pas d'inscription de son chef, est-ce que l'inscription requise par celui qui s'annonce comme son ayant cause, en vertu d'un acte sous seing-privé, qu'une méconnaissance d'écriture pourrait faire tomber, suffirait pour dispenser l'acquéreur de remplir les formalités prescrites par les art. 2192 et 2193 du Code Nap. ? Et dans l'hypothèse même d'une inscription au profit de la femme, un conservateur radierait-il sur la foi d'une main-levée authentique donnée par un subrogé, dont le droit ne serait écrit que dans un titre sous signature privée?

Incontestablement un cessionnaire n'a pas besoin d'un acte authentique pour prendre cette inscription en son nom ; il peut la prendre sans exhiber aucun acte de cession; mais ce n'est pas là qu'est la question : il s'agit de savoir si une cession qui n'apparait pas revêtue de l'authenticité, inspire assez de confiance pour, en ce qui concerne les relations hypothécaires, effacer la personne de la femme, et ne laisser voir que le représentant qui se montre. C'est cette dernière question que nous croyons devoir résoudre négativement.

67. M. Mourlon (1) ne partage pas cette opinion; toutefois il reconnaît que si l'acte sous seing-privé qui a été la base de l'inscription, était un acte faux, les actes intervenus avec le titulaire de cette inscription, ne seraient pas opposables à la femme. Pourquoi alors obliger le tiers-détenteur sur la foi d'un acte qui n'offre que peu de garanties, à regarder comme le représentant de la créance un titulaire qui peut n'être qu'un propriétaire apparent?

68. L'art. 2127 du projet du gouvernement sur la réforme hypothécaire, prévenait toutes ces difficultés. Cet article était ainsi conçu :

« Les femmes ne peurent céder leur hy-
» pothèque légale aux créanciers envers les-
» quels elles s'obligent conjointement avec
» leurs maris, ni renoncer à cette hypo-
» thèque en faveur de ces mêmes créanciers
» que par acte authentique.

» La femme peut par acte notarié, céder
» son hypothèque légale, y subroger ou y
» renoncer en faveur d'un tiers, sous les
» restrictions déterminées par l'art. 2104
» (art. 2148).

(1) Des Subrogations personnelles, pag. 616 et suivantes.

La commission de l'assemblée et la commission du conseil d'Etat approuvèrent cette disposition qui a été adoptée à la seconde lecture. Elle n'était que la réalisation d'un vœu exprimé par plusieurs Cours d'appel et plusieurs Facultés de Droit.

§ IV.

QUEL EST L'EFFET DE LA SUBROGATION?

Sommaire.

69. Irrévocabilité du droit conditionnel résultant de la subrogation.

70. L'effet de la subrogation ne s'évanouit pas, lorsque les représentants de la femme deviennent héritiers purs et simples du mari. Critique d'un arrêt contraire de la cour d'Orléans.

71. Suite. Nouvelles observations sur la théorie de M. Gauthier, relativement aux caractères de la subrogation à l'hypothèque légale.

72. Hypothèse d'une subrogation à des reprises conditionnelles. — Arrêt de la Cour de cassation. — Critiques de M. Carette.

73. Conséquence de l'exercice du droit de subrogation.

74. Suite. Espèce jugée par un arrêt de la Cour de Paris. — Appréciation.

75. Suite.

76. Dans quel cas le droit de subrogation est-il réputé exercé?

77. Etendue de la subrogation.

78. Effet de la subrogation au profit de l'acquéreur d'un immeuble grevé de l'hypothèque légale.

79. En quoi la subrogation peut-elle profiter à l'acquéreur quand il purge, et que le prix par lui offert aux créanciers hypothécaires est accepté.

11

80. La subrogation à l'hypothèque légale dispense-t-elle l'acquéreur de remplir les formalités de la purge, conformément aux articles
2193 et 2194?

81. Théorie inexacte de M. Grenier, qui dispense
l'acquéreur subrogé de la purge. Observations de la Faculté de Droit de Paris, sur
le projet de réforme hypothécaire.

82. Garantie que l'acquéreur subrogé à l'hypothèque légale trouve dans la purge.

83. Comment l'acquéreur subrogé peut-il purger,
s'il existe une inscription au nom de la femme? Solution de M. Mourlon adoptée.

84. A qui profitera l'inscription prise par la femme
antérieurement à la vente?

85. Si la subrogeante n'avait pas pris d'inscription
antérieurement à la vente, l'acquéreur doit-
il faire inscrire l'hypothèque légale?

86. La femme qui n'a subrogé à son hypothèque
légale que sur certains immeubles, peut-elle
réclamer collocation de ses reprises sur le
prix des autres immeubles de son mari?

87. La femme qui a subrogé à son hypothèque légale, sur certains immeubles, a-t-elle à craindre, quand elle se présente à l'ordre ouvert
sur le prix d'autres immeubles, l'exception
cedendarum actionum?

88. La femme qui éteint son hypothèque légale sur
un des immeubles de son mari, est-elle au
moins exposée à l'exception *cedendarum actionum* quand elle se présente sur le prix
d'un autre immeuble.

89. Question générale.

90. Suite.

91. Interprétation de l'art. 2037.

92. Art. 1251, § 4.

93. Art. 1251, § 1.

94. Art. 1251, § 2.

95. Art. 1251, § 3.

96. Arrêt de cassation. — Théorie de M. Dupret et de M. Mourlon. Conclusion.

97. Subrogation jusqu'à concurrence d'une portion aliquote d'une reprise. La subrogeante a-t-elle le droit de concourir avec le subrogé ?

98. Suite : opinion de M. Grenier et de M. Troplong.

99. Suite : question d'interprétation.

100. Effet de subrogations successives pour des portions aliquotes d'une même reprise.

101. Comment faut-il entendre le principe que l'ordre de préférence entre les subrogés se règle par la date de subrogation ?

102. Suite : opinion de M. Grenier. — Discussion.

103. Opinion de M. Troplong. — Discussion.

104. Critique mal fondée de M. Mourlon.

105. Subrogation jusqu'à concurrence d'une portion aliquote de la créance, avec obligation personnelle.

106. 1re hypothèse : le subrogé n'a pour adversaire à l'ordre que la subrogeante.

107. 2e hypothèse : il y a deux subrogés partiels en présence.

108. 3e hypothèse : subrogé partiel en présence de créanciers de la subrogeante.

109. Deux arrêts de la cour de Caen. Observations.

110. Effets de la promesse d'abstention, lorsque la reprise de la femme renonçante, excède la créance du stipulant.

111. Arrêt de la Cour de Caen.

112. Le subrogé à l'hypothèque légale de la femme mariée avec adoption ou exclusion de communauté peut-il exercer les droits de cette femme tant que les époux ne sont pas séparés de biens ?

113. La prescription de l'hypothèque légale court-elle au profit du tiers détenteur, pendant la durée du mariage, quand cette hypothèque appartient à un tiers en vertu de la subrogation ?

114. Observations finales.

69. Nous avons vu que la subrogation à l'hypothèque légale est un abandon éventuel de la totalité ou de partie de ces créances dotales au profit du créancier, soit d'un tiers, soit du mari, soit de la femme elle-même. Le créancier acquiert sur les créances ainsi engagées un droit privatif dont la réalisation n'est subordonnée qu'à la condition qu'il ne sera pas désintéressé d'ailleurs.

70. Une Cour d'appel, la Cour d'Orléans, a décidé que la subrogation à l'hypothèque légale, s'évanouissait dans le cas où les héritiers de la femme qui l'avait consentie, devenaient héritiers purs et simples du mari. Cette Cour s'est fondée sur ce que la réunion de la qualité de créanciers et de la qualité de débiteurs sur les mêmes têtes opérait une confusion qui ne permettait plus au cession-

naire de se prévaloir de l'hypothèque. —
cette solution ne renferme-t-elle pas une erreur grave?—La femme n'avait pas pu transmettre à ses héritiers une créance de reprises
dont elle était éventuellement mais irrévocablement dessaisie au profit de son-subrogé, et
par conséquent la créance et la dette repo-
saient sur des têtes différentes, en sorte que
toute extinction des reprises, par voie de confusion, était impossible, tant que le cessionnaire n'avait pas reçu le montant de ce qui lui
était dû. Comment a-t-on pu admettre qu'une
cession de créance dûment acceptée, puisque
le mari était partie à l'acte authentique qui
la constatait, devenait inefficace, parce que
le cédant devenait l'héritier du débiteur
cédé?

« Considérant qu'on ne peut céder à un
» autre plus de droits qu'on n'en a soi-même;
» considérant que si, aux termes de l'art. 2135
» Code civ., la femme mariée a une hypo-
» thèque légale sur les biens de son mari,
» notamment pour l'indemnité des obliga-
» tions qu'elle a contractées solidairement
» avec lui pendant l'existence de la commu-
» nauté, cette hypothèque ne produit son
» effet qu'autant que, lors de la dissolution
» de cette communauté, elle a droit à une
» indemnité; — considérant que de là il suit

» qu'en subrogeant le prêteur dans son hy-
» pothèque légale, elle ne lui confère qu'un
» droit purement éventuel; — considérant
» que si, en souscrivant solidairement avec
» son mari l'obligation du 25 décembre
» 1829, la dame Leblanc est devenue créan-
» cière de l'indemnité à laquelle elle avait
» droit à raison de ladite obligation, cette
» créance était éteinte dès avant la deuxième
» production du sieur Picaut de la Ferau-
» dière; qu'en effet, en acceptant purement
» et simplement, ce qui était dans leur droit,
» la succession de leur mère et ensuite celle
» de leur père, les héritiers Leblanc sont
» devenus tout à la fois créanciers et débi-
» teurs de cette indemnité; d'où il suit que
» la confusion s'est opérée de plein droit, et
» que, par suite, la subrogation dont excipe
» le sieur Picaut de la Feraudière est de-
» venue sans objet; par ces motifs (1).

71. Oui, sans doute, on ne peut céder à
un autre plus de droits qu'on n'en a soi-même.
Mais la dame Leblanc subrogeante était si
bien investie du droit qu'elle avait transporté
que la Cour, pour empêcher l'exercice de ce
droit par un cessionnaire, suppose qu'il a été

(1) 16 mars 1849. (Dev. 49-2-449).

anéanti *ex post facto*. Seulement, par une
distraction inexplicable, la Cour ne tient pas
compte de la transmission qui empêchait que
la réunion des qualités d'héritiers de la femme
et du mari, impliquât la réunion des qualités
de créanciers et de débiteurs. L'espèce de cet
arrêt est très-propre à mettre en lumière les
dangers de la théorie de M. Gauthier qui
refuse de voir dans la subrogation à l'hypothèque légale un transport conditionnel, et
réduit la convention à un engagement de la
femme d'aider le subrogé de sa créance et
de son hypothèque, si au moment où le besoin de secours se produira, créance et hypothèque ne sont pas éteintes. (Traité de la
subrogation de personnes, n° 577. Voir *suprà*, n° 59). Un savant jurisconsulte, M. Carette, a critiqué, avant nous, l'arrêt de la Cour
d'Orléans; il a eu l'heureuse pensée de rap-
procher de cet arrêt, l'arrêt de la Cour de
cassation du 1er août 1848 dans l'affaire
Duboullay ; il a fait judicieusement remarquer qu'il y avait de l'affinité dans les
deux théories. Il faut toutefois reconnaître
que l'arrêt Duboullay, dont nous avons nous-
même tenté la réfutation (1), résout un point
qui offre une difficulté plus sérieuse.

(1) De l'hypothèq. lég. sur les conquêts de la
communauté, n°s 35 à 46.

72. Mais si la créance de la femme subrogeante est une créance conditionnelle, l'irrévocabilité de la cession, n'abrite pas le
cessionnaire contre les chances d'évanouis-
sement de la condition. Ainsi une femme a
stipulé qu'elle exercerait la reprise de son
apport, si elle renonçait à la communauté;
elle subroge à l'hypothèque légale qui garantit la restitution conditionnelle de cet apport. A la dissolution de la communauté, la
femme accepte sans fraude, loyalement, cette
communauté qui lui offre des avantages. Par
la subrogation, elle ne s'est pas enlevé et elle
ne pouvait, par aucune convention (1453,
C. Nap.), s'enlever le droit d'acceptation. —
L'acceptation paralyse l'effet de la subrogation; il s'agit ici d'une condition inhérente
au droit lui-même, d'un principe préexistant à la subrogation, qui se développe, sans
doute, par la volonté de la subrogeante, mais
par une volonté dans laquelle on ne peut voir
que l'exercice d'une faculté légale, insuscep-
tible d'atteinte pendant l'existence de la communauté. — La Chambre des Requêtes l'a
ainsi jugé le 30 avril 1849 (1), en rejetant
un pourvoi contre un arrêt de la Cour d'A-
gen. — L'habile avocat qui avait soutenu le

(1) Dev. 49-1-165.

pourvoi, M. Carette, a, dans des observations fort utiles à consulter, combattu la doctrine de cet arrêt.

A notre sens, ses critiques, si victorieuses quand elles s'adressent à l'arrêt de la Cour d'Orléans, sont dénuées de fondement quand il les applique à l'arrêt de la Cour de cassation du 30 avril 1849. Il n'y a qu'une apparente analogie entre les deux espèces. Au fond, une différence capitale sépare les deux questions. Dans l'espèce sur laquelle la Cour d'Orléans a statué, la créance cédée n'était soumise à aucune condition au moment de la subrogation et partant le subrogé était irrévocablement saisi d'un droit pur et simple. — La subrogation sur laquelle la Cour de cassation a statué au contraire ne portait dès l'origine que sur un droit conditionnel (1).

73. Si le subrogé use de la subrogation et en absorbe l'émolument, la femme ne peut

(1) La question de savoir si l'acceptation de la femme pourrait être annulée pour cause de fraude sur la demande de ses créanciers est, comme on sait, très-controversée.

Voir dans le sens de l'affirmative : Pothier, de la Communauté, n° 550; — Rodière et Pont, du contrat de mariage, n° 871, tome 1er; — Marcadé sur l'art. 1464.

Contrà Troplong, du contrat de mariage, n° 1498.

plus réclamer de son mari ce qu'elle est réputée avoir reçu par son ayant cause. Toutefois si le subrogé avait le mari pour obligé
principal, la femme aurait acquitté la dette
de celui-ci et aurait par suite une récom-
pense qui emporterait hypothèque du jour
de la subrogation.

74. Un arrêt de la Cour de Paris, du 27
mai 1848, décide qu'une femme peut réclamer collocation à la date de l'hypothèque
de ses reprises, sur le prix d'immeubles
restant au mari, distribution faite du prix
d'autres immeubles aux dépens desquels ses
subrogés n'avaient obtenu leur paiement que
par l'effet de la subrogation — Il était re-
connu que la créance des subrogés était supérieure à la créance de la subrogeante. L'hypothèque légale était donc épuisée, et, par
un double emploi évident, elle s'exerçait
deux fois. Sans doute, la femme qui avait
acquitté la dette du mari, était créancière
d'une indemnité à laquelle s'attachait l'hypothèque légale; mais cette hypothèque ne da-
tait que du jour de l'obligation. [1431.
2135.]
« Considérant que la dame de Serilly, en
» s'obligeant conjointement et solidairement

» avec son mari, avait implicitement con-
» senti à ce que les créanciers fussent collo-
» qués par préférence sur le prix des im-
» meubles hypothéqués à la sûreté des obli-
» gations ; — considérant que, d'après l'ar-
» ticle 1431, Code Napléon, la dame de
» Serilly en s'obligeant solidairement avec
» son mari, dans l'intérêt de celui-ci, n'était
» reputée s'obliger que comme caution ; —
» Que si elle a consenti, pour plus de sû-
» reté des obligations, à céder aux créan-
» ciers ses droits matrimoniaux, et à su-
» broger lesdits créanciers dans son hypo-
» thèque légale, il résulte des diverses sti-
» pulations énoncées dans les actes, et no-
» tamment de la clause qui restreint l'effet
» desdites cessions et subrogations aux im-
» meubles spécialement affectés et hypothé-
» qués, que, dans l'intention des parties,
› la dame de Serilly n'a réellement *cédé*
» *que son rang d'hypothèque*, c'est-à-dire
» le droit pour les créanciers subrogés de
» se *faire colloquer en son lieu et place* ;
» qu'ainsi, ces droits de créances et même
» d'hypothèque restaient entiers, sauf le
» rang cédé aux créanciers et réclamé par
» eux sur les biens dont le prix était mis en
» distribution ; — considérant que c'est dans
» ce sens qu'a été et que devait être réglé

» l'ordre clos le 31 décembre 1837, où les
» divers créanciers qui n'étaient primés que
» par la dame de Serilly, ont été colloqués
» par préférence à elle jusqu'à concurrence
» de 192,757 fr. 55 c.; — que cette colloca-
» tion ainsi faite et consentie, quoiqu'elle
» dépasse de beaucoup les reprises matrimo-
» niales, n'emporte ni extinction de la
» créance de la dame de Serilly, ni renou-
» ciation par elle à son droit hypothécaire
» sur les biens de son mari; que l'effet en
» doit être restreint aux biens dont le prix
» était alors en distribution, et ne peut être
» étendu aux immeubles aliénés en 1817,
» dont Fraudin est aujourd'hui détenteur,
» et qui sont grevés de l'hypothèque légale
» de la dame de Serilly » (Devilleneuve,
49-2-283).

75. Incontestablement la Cour de Paris
pouvait, sans dépasser les limites de son
droit d'interprétation, ne voir dans l'adhésion de la dame de Serilly, qu'une promesse d'abstention laissant intacts ses droits
hypothécaires sur les autres immeubles.
Alors les stipulants n'auraient pas pris la
place de cette dame; ils n'auraient pas été
colloqués à son rang; ils n'auraient obtenu
collocation, qu'après les créanciers inter-

médiaires, s'il en eût existé. Entendu dans ce dernier sens, l'arrêt de la Cour de Paris ne serait qu'une application du système d'interprétation qui prévaut dans les arrêts de la Cour de Caen, rendus sous la présidence de M. Dupont-Longrais, et notamment dans l'arrêt *Leguédois* (Voir suprà, nº 21); ce qui permettrait peut-être d'entendre la décision en ce sens, c'est que la Cour de Paris constate que tous les créanciers primés par la dame Serilly, dans les ordres déjà clos, étaient subrogés. Si l'arrêt de la Cour de Paris comporte cette explication, sa solution juridique est, au fond, irréprochable; mais sa terminologie serait inexacte; le rang hypothécaire n'aurait pas été cédé; il n'y aurait pas eu de cession du tout.

Si le subrogé exerce le bénéfice de la subrogation, mais ne l'épuise pas, le reliquat appartiendra à la femme; s'il est payé sans avoir besoin de se prévaloir de son nantissement, la subrogeante, qui alors n'aura jamais été dessaisie, profitera de ses reprises dans toute leur plénitude.

76. Mais dans quel cas est-il réputé avoir usé de la subrogation? — Il faut distinguer: Le subrogé est-il créancier du mari? N'est-il

pas créancier du mari?... Dans le premier
cas, a-t-il ou n'a-t-il pas été forcé de se
prévaloir du droit de la femme? Il a été
payé, supposons-le, aux dépens des valeurs
mobilières, et ce avant la dissolution de la
communauté; il avait, en vertu de son droit
propre, comme créancier du mari, un
titre aussi efficace que celui de la femme.
Pourquoi serait-il réputé avoir exercé un
droit emprunté? Dans le second cas, il est
d'évidence que c'est le droit d'emprunt que
le subrogé a mis en mouvement, puisqu'il
n'avait pas de droit de son chef.

77. La subrogation peut être plus ou
moins étendue : embrasse-t-elle la totalité
des créances de la femme, ou une quote-
part de ces créances, ou en tout ou partie
des créances spécialement indiquées? Garan-
tit-elle pour l'intégralité ou seulement jusqu'à
concurrence d'une certaine somme l'obligation déterminée ou indéterminée, au profit
de laquelle elle intervient? Emporte-t-elle
le droit de se présenter au rang de la femme
sur le prix de tous les immeubles du mari,
et de participer à toutes les distributions
mobilières, jusqu'à ce que le subrogé soit
rempli de son dû ou au moins de la somme
à laquelle a été restreint le nantissement,

ou bien, au contraire, ne transmet elle que le droit de se présenter sur le prix de certains biens, en laissant à la femme l'exercice sur les autres biens de ses créances, à la charge d'imputer sur elle les paiements faits au subrogé? Demandez à la convention : c'est par elle que la subrogation est ou non limitée, soit sous le rapport des créances y comprises, soit sous le rapport du chiffre pour lequel elles sont engagées, soit enfin sous le rapport des biens sur lesquels le subrogé peut les faire valoir. Remarquez, toutefois, que la subrogation tacite, c'est-à-dire celle à laquelle on n'arrive que par induction, doit être circonscrite dans les limites les plus étroites qu'elle comporte, puisqu'il est de principe que les abdications, aussi bien les abdications translatives que les abdications extinctives, ne sauraient être présumées facilement. Ainsi, dans la subrogation qui ne résulte que du concours de la femme à la vente d'un immeuble du mari, ou à une constitution d'hypothèque, l'acquéreur ou le créancier n'est saisi des droits de la femme que sur l'immeuble vendu ou hypothéqué, et qu'autant qu'il pourra les réaliser sur cet immeuble.

78. La subrogation à l'hypothèque légale

de la femme au profit d'un acquéreur sur
les biens à lui vendus, est pour lui d'un grand
secours, s'il vient à être évincé par l'effet du
droit de suite, soit qu'une surenchère le dé-
pouille ou qu'il fasse le délaissement, ou enfin qu'il subisse l'expropriation. A l'ordre
ouvert sur ces biens, il arrive au rang de la
femme, pour se remplir de ses dommages-in-
térêts seulement, s'il a conservé son prix
entre ses mains ; et des deux chefs de l'action en garantie, s'il avait déjà payé le prix.

79. Mais il semble que la femme, nonobs-
tant la subrogation de l'acquéreur, pourrait
l'écarter de l'ordre, et y venir elle-même se
faire colloquer, lorsque les créanciers inscrits
se sont contentés de l'offre à eux faite en conformité de l'art 2183 du C. N. En effet, les
créanciers qui pouvaient ne pas accepter la
vente, ont renoncé à l'attaquer, l'ont ratifiée.
Or, la subrogation ne pouvait avoir d'autre
objet que de garantir l'acquéreur contre les
créanciers. Elle n'avait pas pour but de le
protéger contre des droits de propriété dont
des tiers se prétendraient investis, puisque si
le mari n'était pas propriétaire, la femme
n'aurait jamais eu d'affectation sur l'immeuble vendu, et n'aurait pas pu par conséquent la transmettre.—Si cette argumenta-

tion était fondée, elle établirait que l'acquéreur n'aurait aucun intérêt à la subrogation,
lorsqu'il n'existerait pas sur l'immeuble par
lui acquis, d'autres créanciers hypothécaires
que la femme ; mais l'objection n'est pas dé-
cisive... Sans doute la subrogation serait inutile, pour s'abriter contre un droit de propriété antérieur à la naissance de l'hypothèque légale. Mais ne serait-elle pas une protection, si la cause d'éviction procédait d'un
fait du mari, postérieur à l'existence de l'hypothèque et antérieur à la vente que la femme a voulu assurer ? Il faut donc reconnaître que si la femme touche la collocation,
ce ne peut être qu'en donnant caution de rapporter, le cas échéant... Ce concours de la
femme à la vente d'un bien propre du mari
ou d'un conquêt de communauté, n'est donc
pas de sa part une simple abdication du droit
de suite, sous réserve de son droit de préférence, en un mot, une renonciation au droit
de surenchérir. Ce n'est pas non plus pour
l'immeuble vendu sa libération de l'hypothèque qui le grève ; cette hypothèque est
maintenue et transportée éventuellement avec
le principal au nouveau propriétaire qui
ne peut permettre que la femme reçoive, aux
dépens du prix des biens sur lesquels il est

subrogé, un paiement définitif et irrévocable de sa créance.

80. La présence d'une femme à la vente d'un immeuble de son mari, quand son hypothèque n'est pas inscrite, ne dispense pas l'acquéreur de remplir les formalités des art. 2193 et 2194 du Code Nap.; en effet, l'accomplissement de ces formalités est la seule voie qui soit ouverte pour vérifier si la cédante ne s'était point déjà dessaisie de ses droits par des cessions antérieures et pour les forcer, à peine de déchéance, si elles existent, à se montrer

81. M. Grenier (1) prétend que la subrogation à l'hypothèque légale et la purge ne sauraient être cumulées par l'acquéreur et constitueraient des garanties contradictoires.

« Celui qui acquiert et qui ne paye pas le
» prix de son acquisition, ne doit pas, sans de
» graves motifs, faire entrer la femme solidai-
» rement dans la vente avec le mari; il ne peut
» être excité à le faire que dans la crainte par-
» ticulière de quelques recherches ou évic-
» tions; car si cette cause n'existe pas,
» il n'a nul besoin de l'engagement de la

(1) Des hypothèques, 1. p. 557, n° 258.

» femme. Il est à l'abri de son hypothè-
» que, en prenant les mesures prescrites
» par l'art. 2194 du Code civil et par l'ar-
» rêté du Conseil d'État, du 1er juin 1807.
» Si la femme garde le silence, l'immeu-
» ble reste libre de son hypothèque entre
» les mains de l'acquéreur, sauf à la femme
» à venir à l'ordre, ce qui concerne seu-
» lement les créanciers, en sorte que les
» mesures indiquées produisent le même
» effet que la vente solidaire ou la garantie
» de la femme. Ce n'est pas tout ; c'est
» qu'en se tenant à cette simple mesure,
» l'acquéreur est dispensé de beaucoup de
» soins qui deviennent nécessaires pour exer-
» cer l'hypothèque légale qu'il voudrait
» suivre par la voie de la subrogation; au
» lieu que celui qui, en acquérant, a payé
» le prix, ce qui probablement aura été
» l'effet de quelques dispositions du vendeur
» à n'aliéner que sous cette condition, a le
» plus grand intérêt, surtout s'il y a des
» inscriptions prises sur le vendeur, à veil-
» ler à la conservation des droits de la
» femme, dans la vue de les exercer lui-
» même : ce qui demande beaucoup d'atten-
» tion.

» L'acquéreur qui est dans cette position
» peut se dispenser de prendre à l'égard de

» la femme les mesures que je viens d'indi-
» quer, — *ces mesures seraient contradic-*
» *toires avec la subrogation de l'hypothèque*
» *légale ;* il ne peut en craindre l'exercice,
» *puisque cet exercice en appartient à l'ac-*
» *quéreur pour la sûreté de la vente.* Il n'a
» pas à redouter l'enchère dont la provocation
» est un des objets des mêmes mesures, puis-
» que l'enchère n'est qu'un acte d'exercice de
» l'hypothèque à laquelle la femme a renoncé
» en faveur de l'acquéreur...... »

Si la femme, avant la vente à laquelle elle
a concouru, s'était dessaisie de ses droits
hypothécaires, si elle n'avait consenti qu'une
subrogation illusoire en cédant ce qu'elle n'a-
vait plus, l'acquéreur resterait-il exposé, en
suivant les conseils de cette théorie, à l'action
hypothécaire des subrogés antérieurs, de ces
inconnus qu'il n'aurait pas mis en demeure
de se montrer, au péril de cette surenchère
que M. Grenier déclare impossible?

La Faculté de droit de Paris, dans ses
Observations sur la réforme hypothécaire,
semble s'être associée à l'opinion de M. Grenier : « Les tiers qui achètent des immeu-
» bles du mari exigent aussi presque tou-
» jours le concours de la femme dans les
» actes de vente, ce qui fait évanouir l'hy-
» pothèque dispensée d'inscription et *délivre*

» *les acheteurs de l'embarras et des frais*
» *de la purge légale* (1). »

82. Nous avons à l'avance combattu cette
opinion. La subrogation profitera à l'acquéreur si la femme n'était pas dessaisie de son
droit de reprise et a pu le lui transmettre; la
purge le protégera si la femme, par suite de
subrogations antérieures, ne lui a consenti
qu'une subrogation inefficace.

83. Comment la purge devra-t-elle être
faite par l'acquéreur subrogé? la subrogeante
avait-elle pris inscription? L'acquéreur fera
à l'adresse de la femme les notifications prescrites par les art. 2183 et 2184 Code Napoléon.—La subrogeante n'avait-elle pas d'inscription? il remplira les formalités des art.
2193 et 2194.

Mais pourquoi s'adresse-t-il à la femme
quand, d'après son propre contrat, la femme
n'a plus d'intérêt et est sans qualité pour
agir? — Parce que la femme, en supposant
l'existence de subrogations antérieures non
inscrites, est réputée mandataire de ses
subrogés, au moins pour recevoir les notifi-

(1) Documents sur la Réforme hypothécaire, t. 2,
p. 446.

cations. Sur ce point nous sommes d'accord
avec M. Mourlon (1).

84. L'acquéreur conservera l'inscription
s'il en existe une du chef de la femme antérieurement à la vente. Cette inscription lui
est nécessaire pour faire valoir les droits de
sa cédante; mais comme la purge qu'il a en-
treprise n'a eu d'autre effet que de fixer le
prix et de rendre impossible une surenchère
de la part des subrogés inconnus, il peut arriver que cette inscription serve au cessionnaire de la femme et non à l'acquéreur.

85. S'il n'existe pas d'inscription, l'acquéreur en prendra une en son nom personnel, à lui, dans le délai de deux mois et
cette inscription, bien entendu, ne profitera
qu'à lui; elle ne pourrait être invoquée par
des subrogés antérieurs, comme moyen conservatoire de leur droit sur le prix. — La
position de l'acquéreur subrogé par la femme
est donc meilleure quand l'hypothèque légale n'est pas inscrite au moment de la
transcription de son contrat.

86. Quand la subrogation est restreinte
aux droits de la femme sur certains biens

(1) Des subrogations personnelles, page 621.

et qu'avant que le prix de ces biens ne soit mis en distribution, un ordre s'ouvre sur le prix d'autres biens, la femme doit être colloquée de toutes ses créances à la date d'hypothèque qu'elles entraînent par leur nature comme si la subrogation n'existait pas, mais à la charge de donner caution de rapporter ce dont le subrogé pourrait être colloqué ultérieurement sur le prix des immeubles à lui affectés. Vainement prétendrait-on que la femme ne doit être colloquée, aux termes de l'art. 2135, qu'à la date des obligations qu'elle a contractées si les subrogés sont des créanciers de son mari.

La subrogation n'est, en effet, qu'un transport éventuel, subordonné au besoin du subrogé, et le subrogé pourra ne pas exercer cette garantie. Les créanciers hypothécaires, les tiers acquéreurs n'ont pas le droit de supposer comme accompli un fait qui, peut être, ne s'accomplira pas, à savoir : la collocation du cessionnaire sur un autre immeuble.

87. Les créanciers ou les tiers acquéreurs ne pourraient-ils pas au moins dire à la femme : vous vous êtes mise dans l'impossibilité de nous consentir la subrogation, la vraie subrogation, la subrogation légale de l'art. 1251 à laquelle nous aurions droit

si nous vous faisions l'avance de votre
créance ; vous avez fait une promesse incompatible avec la garantie que la loi nous
offrait, si nous vous payions avec nos deniers la dette de votre débiteur ; vous ne
pouvez plus nous rendre maîtres de votre
hypothèque légale , pour en diriger l'exercice
à notre gré et au mieux de nos légitimes intérêts : notre droit réel comme créanciers ou
comme tiers acquéreurs , était *antérieur*
à la cession éventuelle de vos reprises et s'é-
tait ainsi formé sur la foi d'une position que
la subrogation a modifiée à notre préjudice (1). »

La femme répondrait avec raison : — « De
deux deux choses l'une : ou mon cessionnaire mettra mon hypothèque légale en
mouvement sur l'immeuble affecté à sa subrogation , et alors je rapporterai ma collocation , mon hypothèque ne pouvant assurer deux fois, à la même date, le paiement
de la même créance , ou , au contraire, mon
cessionnaire négligera l'exercice d'une sûreté qui lui sera inutile, et alors si vous me

(1) Voir arrêt de Poitiers du 18 juin 1838, et arrêt d'Angers du 10 mars 1841. — (Devilleneuve, 38-
2-442—41-2-187).—Grenier, des hypothèques, t. 2,
n° 333. — Troplong, des hypothèques, n° 788 *bis.*
— Zachariæ, t. 2, § 287, page 209.

payez de vos deniers, vous pourrez vous
prévaloir de la subrogation légale qu'à tort
vous m'accusez d'avoir rendue impossible ;
je ne vous causerai donc finalement aucun
préjudice, — sans doute, il vous est difficile, en ce moment, de prendre une détermina-
tion sur le point de savoir si vous avez intérêt à m'écarter de l'ordre actuellement ouvert, et à me rembourser ma créance, pour
empêcher une collocation que je n'obtien-
drais qu'à charge de la rapporter, en cas
d'exercice de mon droit hypothécaire par
mon subrogé sur un autre immeuble (voir
n° 76); c'est à vous de prendre, à vos périls et risques une résolution. »

88. Si la femme avait non pas transporté, mais abdiqué son hypothèque sur
certains immeubles en consentant une renonciation purement extinctive, serait-elle
repoussée par l'exception *cedendarum actionum*, lorsqu'elle mettrait en mouvement son
droit hypothécaire sur d'autres immeubles
de son mari? La question peut se présenter
dans des hypothèses diverses : je suppose
que l'immeuble sur lequel la femme abdique et éteint son hypothèque soit grevé d'hypothèques spéciales moins anciennes que les
hypothèques spéciales qui frappent sur l'im-

meuble, dont le prix est mis en distribution ; les créanciers que la femme veut primer prétendent, en invoquant la théorie de
M. Troplong (1), et de Zachariæ (2), qu'en
remboursant les reprises, ils devraient être
subrogés à l'hypothèque légale ; que la priorité de leur inscription, quoiqu'il s'agisse
d'immeubles différents, leur devait assurer
les avantages de la subrogation au préjudice
des créanciers inscrits sur les biens que la
femme a dégrevés de son hypothèque ; ils peuvent se borner à soutenir avec M. Mourlon (3)
qu'ils avaient au moins droit à une certaine
part des bénéfices de la subrogation, et
qu'ils ne peuvent être préjudiciés par l'abandon d'une hypothèque dont la conservation
leur importait (4).

89. Cette question est dominée par une
question plus générale : Un créancier est-il
obligé, d'une manière absolue, à conserver
jusqu'à parfait paiement, la totalité des sû-

(1) Des hypothèques, tome 3, n° 750.
(2) Tome 2, § 281 pages 196 et 197.
(3) De la Subrogation, page 114.
(4) Cour de Poitiers, 18 juin 1838. — Cour d'Angers, 10 mars 1841. — Devilleneuve, 38-2-444-41-2
187.

retés attachées soit par la loi, soit par la
convention à sa créance, et s'expose-t-il,
quand il abdique, en tout ou en partie, l'un
de ses droits, à quelque exception de la part
des tiers auxquels cette abdication préjudicie? Prenons la difficulté dont la pratique
offre le plus d'exemples : Le créancier qui
a une hypothèque sur deux immeubles pour
la garantie d'une première créance, mais qui,
pour la garantie d'une seconde créance, n'a
de droit hypothécaire que sur l'un des deux
immeubles, peut-il donner main-levée sur
ce dernier immeuble de l'hypothèque attachée à la première créance?

Peut-il, en donnant cette main-levée,
tromper l'espérance des tiers, au profit desquels l'art. 1251 du Code Napoléon accorde
la subrogation, de plein droit, aux sûretés de la créance qu'ils remboursent?

90. La question peut se présenter sous les
quatre hypothèses prévues par l'art. 1251.

1° Elle peut se présenter à l'égard d'un
créancier postérieur qui veut rembourser
un créancier qui lui est préférable, à raison de ses privilèges ou de ses hypothèques;

2° Elle peut se présenter à l'égard dé

l'acquéreur d'un des immeubles hypothéqués ;

3° Elle peut se présenter avec des tiers
qui avaient intérêt à acquitter la dette,
par ce qu'ils étaient tenus avec d'autres ou
pour d'autres au paiement;

4° Enfin, elle peut se présenter à l'égard
de l'héritier bénéficiaire, qui veut payer de
ses deniers, une dette de la succession.

91. Cette question si complexe n'est décidée par aucun texte, au moins d'une manière générale et absolue.

Elle n'a reçu de solution législative que
pour l'un des cas qui rentrent dans le § 3
de l'art. 1251.—Cette solution spéciale est
écrite dans l'art. 2037 : « La caution est dé-
» chargée lorsque la subrogation aux droits,
» hypothèques et priviléges du créancier,
» ne peut plus, par le fait de ce créancier,
» s'opérer en faveur de la caution. »

Cette solution elle-même s'étend-elle à toutes les cautions? Est-elle applicable aux cautions solidaires?

C'est un des points les plus controversés
de notre droit.

L'affirmative est consacrée par les arrêts
de la Cour de Cassation (9 janvier 1849,
Dev. 49-1-278; Cassat. 18 mars 1852, Dev·

52-1-636.—(Dans le sens des arrêts de la Cour de cassation voir M. Rodière *de la solida-rité* nº 164, et M. Gauthier des subrogations personnelles nᵒˢ 500, 501, 502.)

La négative est défendue avec vigueur par M. Troplong. (Cautionnement, nᵒˢ 558, 559 et 560).

L'art 2037 est-il applicable au co-débiteur solidaire, pour la somme qui lui est deman-dée, au-delà de celle dont il est tenu per-sonnellement et pour laquelle il n'est réputé que caution vis-à-vis de son co-débiteur?

La jurisprudence a hésité longtemps sur ce point; mais un arrêt précis du 5 décembre 1843, de la Cour de cassation (Dev. 44-1-71), a écarté l'application de l'art. 2037. (Voir aussi cass., 13 janvier 1852, Devill. 52-1-104, sic M. Gauthier nº 506. Contra M. Rodière, *De la solidarité*, nº 164.)

L'art 2037 s'applique-t-il à celui qui, sans s'être personnellement rendu caution d'une dette, a consenti une affectation sur ses immeubles pour la garantie de cette dette et s'est ainsi rendu caution réelle? Non, d'a-près deux arrêts de la Cour de cassation des 25 novembre 1812 et 10 août 1814. (Sirey 13-1-177 et 15-1-242). Non, d'après M. Trop-long (sur 2037.) Non, d'après MM. Aubry et Rau sur Zachariæ (t. 3 , p. 166 , n° 429, note 4.—Sic Gauthier, n° 512.)

Nous serions , pour notre compte , porté à admettre que lorsque les sûretés résultent du contrat même qui est le titre constitutif du cautionnement , qu'il soit personnel ou réel , quelle que soit son appellation , le créancier est jusqu'à certain point réputé avoir contracté avec la caution et avoir promis à celle-ci de ne pas empirer , au moins par des faits volontaires et positifs , l'état de choses sur la foi duquel elle s'est obligée pour autrui.

Mais nous n'appliquerions pas l'art. 2037 à la caution qui se plaindrait de l'abdication de garanties que le créancier n'aurait stipulées que depuis le cautionnement.

Nous préférerions la doctrine des arrêts de la Cour de Cassation, des 17 janvier 1831 et 12 mai 1835, à la doctrine de M. Troplong sur l'art. 2037, n° 570. (Dalloz 31-1-54 et 35-1-259 ; contra M. Gauthier n°° 535, 536, 537 et 538.)

92. Nous avons dit que notre question n'est pas résolue législativement dans les autres hypothèses prévues par les trois autres paragraphes de l'art. 1251. — La jurisprudence, sans doute, a souvent parlé quand la

loi était muette. Nous aurons à analyser ses
solutions. Il y a un des paragraphes de l'art.
1251 qui soulève la question et qui cependant n'a reçu sous ce rapport, de la doctrine
ou des arrêts, aucune explication. C'est le
paragraphe 4. — Le créancier qui avait deux
hypothèques en a abdiqué une, depuis l'ouverture de la succession du débiteur, et cette
succession a été acceptée sous bénéfice d'inventaire. — Personne, nous le croyons au
moins, n'a osé soutenir que l'héritier bénéficiaire pourrait opposer au créancier héréditaire une exception déduite de ce que celui-ci ne pourrait pas le subroger à la plénitude
de ses droits primitifs.

Il est d'évidence que l'héritier ne saurait
sérieusement soutenir qu'il avait droit acquis, à partir de l'ouverture de la succession à toutes les sûretés dont était nantie
la créance qu'il voudrait rembourser, et que
ce droit acquis n'a pu subir d'atteinte par
le fait du créancier.

93. La jurisprudence a eu souvent à s'occuper de la question, dans les rapports,
d'un créancier ayant des hypothèques sur
divers immeubles, avec un créancier postérieur n'ayant d'hypothèque que sur une
partie de ces immeubles.

Un arrêt de la Cour de cassation, du 4
mars 1833 (S. 33-1-421), avait déjà jugé,
implicitement, que le créancier à hypothèque spéciale postérieure n'avait aucun titre
pour imposer au créancier antérieur, qui
n'avait pas contracté avec lui l'obligation de
conserver l'effet entier de ces hypothèques.
Il jugeait, en effet, que le créancier antérieur avait la faculté de concentrer, en vertu
de l'indivisibilité de son hypothèque, son
droit de préférence sur l'immeuble hypothéqué au créancier postérieur, en dégrevant les
autres immeubles.

Il ne s'agissait, il est vrai, que du mode
de collocation du premier créancier, qui
voulait être colloqué sur le prix de l'immeuble formant l'unique gage du créancier
postérieur, et se refusait à recevoir son paiement, aux dépens du prix d'un autre immeuble, parce qu'il avait intérêt à ne pas
amoindrir, par un prélèvement, ce dernier
prix.

Le créancier qui avait hypothèque sur les
deux immeubles, et qui prétendait, avec raison, qu'il était maître d'exercer cette hypothèque sur celui de ces immeubles qu'il lui
plaisait de choisir, disait : J'aurais pu empêcher la question de naître, en donnant
main-levée de mon droit hypothécaire sur

l'immeuble aux dépens du prix duquel vous
voulez me faire payer.

Le créancier postérieur répondait : « Nous
» pourrions nous contenter de faire remar-
» quer, que nous ne sommes pas dans l'hypo-
» thèse de l'objection, et qu'en supposant l'ef-
» ficacité de la main-levée dont elle parle,
» cette main-levée n'a point été donnée : le
» créancier *non fecit quod potuit : fecit quod*
» *non potuit*. — Mais nous ferons surabon-
» damment une autre réponse, c'est que l'ob-
» jection ne présente qu'une pétition de
» principes, et qu'il y a d'excellentes rai-
» sons pour décider que le créancier qui ne
» donnerait main-levée que dans le but, soit
» de favoriser un tiers qui aurait acheté cette
» complaisance, soit de se faire colloquer de
» préférence à un créancier plus ancien, pour
» une créance qui, sans cela, ne serait pas
» venue en ordre utile, ne pourrait recueil-
» lir le fruit d'un pareil stratagème, et que
» le juge devrait procéder de la même ma-
» nière que si cet expédient n'eût pas été
» employé. Il est de règle, en effet, qu'on
» ne peut faire indirectement, et par sub-
» terfuge, ce qu'il n'est pas permis de faire
» directement et d'une manière ouverte.
» (Sirey, 33, 1-427.) »

L'arrêt du 4 mars 1833, en donnant sa

13

sanction au moyen indirect, a par cela même sanctionné le moyen direct qui s'annonce ouvertement comme l'expression d'un droit.

L'auteur d'une excellente dissertation sur l'exception *cedendarum actionum*, M. Dupret, dans la *Revue de droit français et étranger* (1845, tome 2, p. 521), a très-bien compris toute la portée de cette décision : « Cet arrêt, dit-il, dont nous recommandons l'examen à ceux de nos lecteurs qui veulent approfondir le point que nous traitons, admet implicitement en principe qu'un créancier ayant hypothèque sur deux fonds, A et B, dont l'un, B, est ensuite grevé d'une hypothèque spéciale au profit de Pierre, est maître de libérer de son hypothèque le fond A et de rendre ainsi indispensable sa collocation sur le fond B, sans que Pierre ait droit de se plaindre. (Voir dans Sirey les moyens du demandeur en cassation dont le système a triomphé.) »

Un arrêt plus récent de la Cour de cassation, que ne cite pas M. Dupret, l'arrêt du 24 décembre 1844, pour juger que le créancier qui a une hypothèque sur deux immeubles comme garantie d'une première créance, peut, à son gré, se faire colloquer sur le prix de celui des immeubles qu'il a intérêt à choisir, par exemple, pour assurer le paie-

ment, sur un autre immeuble, d'une créance postérieure en date, décide que ce créancier aurait eu incontestablement le droit de donner sur cet immeuble, main-levée de son inscription. — « On pouvait d'autant moins, dit cet arrêt,
» leur refuser la faculté de désigner parmi les
» immeubles, gage général de leur créance, ce-
» lui sur lequel ils entendaient exercer leur
» hypothèque, qu'il dépendait d'eux de s'en
» faire attribuer exclusivement le prix en
» donnant main-levée de leur inscription en
» tant qu'elle frappait, à raison de cette
» première créance, les autres biens de leur
» débiteur ; qu'ils pouvaient également par·
» venir par cette voie, qui n'a rien de frau-
» duleux ni d'illégal, au recouvrement de
» leur seconde créance, assurée par une
» autre hypothèque générale. — Dev. 45,
» 1-113. — Voir M. Gauthier, nos 246, 247
» jusqu'au no 252 inclusivement.) »

Nous croyons avoir démontré que l'espérance d'une subrogation légale ou même, si l'on veut, le droit éventuel à cette subrogation n'implique nullement pour le créancier, qui a plusieurs hypothèques, l'obligagation de ne renoncer à aucune de ses hypothèques, au préjudice de tiers qu'il peut ne pas connaître, avec lesquels, dans tous les cas, il n'a pas contracté.

94. Il faut maintenant examiner la question dans les rapports d'un créancier ayant hypothèque sur divers immeubles avec l'acquéreur, soit à titre gratuit, soit à titre onéreux, de l'un de ces immeubles, c'est-à-dire sous l'empire du § 3 de l'art. 1251 du Code Napoléon.

Le tiers-détenteur a-t-il, du jour de son acquisition, droit acquis à toutes les garanties qui existaient à cette époque au profit du créancier, et cela par le motif qu'il a l'expectative, en remboursant la créance qui le grève, d'être subrogé à tous les droits de ce créancier?

Pourquoi le tiers-détenteur serait-il de meilleure condition en vertu du § 2 de l'art. 1251, que le créancier postérieur et l'héritier bénéficiaire, protégés par les §§ 1er et 4 de ce même article?—Pourquoi l'expectative de la subrogation aurait-elle plus d'effet dans un cas que dans les deux autres cas? Est-ce que le créancier qui a stipulé pour lui et dans son intérêt est plus lié envers le tiers-détenteur qu'il n'est lié envers le créancier postérieur et envers l'héritier bénéficiaire de son débiteur? S'il n'a pas contracté avec le créancier postérieur et avec l'héritier bénéficiaire de son obligé, a-t-il donc contracté avec le donataire ou avec l'acquéreur de l'un des immeubles compris dans son affectation ?

95. Voudrait-on faire dériver l'obligation de conserver les hypothèques, non d'un contrat, mais de la loi ?

A quel texte de loi la rattacherait-on ?

A l'art. 1251 ?

Mais l'art. 1251 s'exprime dans les mêmes termes et pour le créancier postérieur et pour l'héritier bénéficiaire.—Pourquoi, au profit du tiers-détenteur, les mêmes mots auraient-ils un autre sens? — Mais la caution avait, elle aussi, la protection d'un des §§ de l'art. 1251, du § 3, et cependant l'on a écrit pour elle l'art. 2037.—L'art. 2037 dit donc autre chose que l'art. 1251. Cet article n'est pas l'application du droit éventuel à la subrogation qui est commun à plusieurs classes d'intéressés, et il dérive de motifs spéciaux à une position particulière. (1)

La caution est réputée ne s'être engagée qu'en vue et en considération des sûretés stipulées par le créancier contre l'obligé, qui était éventuellement le débiteur de cette caution, s'il ne payait pas lui-même sa dette.

(1) M. Troplong du *Cautionnement*, n° 525 ; M. Gauthier, n° 482.

Serait-ce de l'art. 2170 du Code Napoléon
que dériverait, pour le créancier, l'obligation de maintenir dans leur plénitude les
droits hypothécaires au profit des tiers-dé-
tenteurs? — M. Troplong le soutient sur
l'art 2037, n° 562. (1)

Mais le droit acquis à l'exception de discussion n'existe pas contre les créanciers ayant
un privilége ou une hypothèque spéciale;
c'est ce qui résulte de l'art. 2171. Mais le
tiers-détenteur ne peut renvoyer le créancier
même à hypothèque générale, qu'à la discussion des immeubles hypothéqués à la même
dette, qui sont restés dans la possession du
principal ou des principaux obligés. Il dé-
pendrait donc du débiteur, en aliénant les
immeubles que le créancier aurait affranchis
de l'hypothèque, de dérober le créancier à
l'exception *cedendarum actionum*.

Mais si l'exception *cedendarum actionum*
était une conséquence et une dérivation de
l'exception de discussion, eût-elle obtenu,
comme une protection spéciale, la garantie
de l'art. 2037? Si l'art. 2037 était nécessaire
pour la caution, malgré les termes de l'art.
2021, pourquoi, malgré les termes de l'art.

(1) Voir contra, M. Mourlon, page 334 et pages
suivantes, et M. Gauthier, n°s 498 et 499.

2170 l'exception *cedendarum actionum* n'a-t-elle pas été étendue au tiers-détenteur ?

96. Les vrais principes ont été mis en lumière par un arrêt de la Cour de cassation du 22 décembre 1846. (Sirey, 47, 1, 86). Le créancier peut, en général, disposer en maître et sans contrôle, des sûretés qu'il n'a stipulées ou que la loi n'a créées que pour lui. Ces principes ont encore reçu une consécration nouvelle d'un arrêt de la Cour de Cassation du 17 mars 1852 (chamb. civ.), sur les conclusions conformes de M. Rouland. (Sirey, Dev. 52, 1, 427).

Cette théorie avait été invinciblement établie dans deux articles de M. Dupret, professeur à Liége, que la *Revue de droit français et étranger* a publiés, et dans la monographie sur la subrogation (pages 530 à 540,) de M. Mourlon, qui s'est évidemment beaucoup inspiré des idées de M. Dupret, auquel il renvoie.

Si ces idées sont vraies, et nous le croyons fermement, la femme qui a conditionnellement promis de ne pas exercer son hypothèque légale sur un immeuble déterminé, peut dans le cas où un ordre s'ouvre sur le prix d'autres immeubles vendus par le mari, réclamer collocation de toutes ses reprises, sans avoir à craindre l'exception *cedendarum actionum*.

97. Lorsque l'abandon éventuel d'une créance de la femme emportant hypothèque à une certaine date, n'a eu lieu que jusqu'à concurrence d'une portion aliquote de sa créance, comme si, par exemple, une femme qui a, du jour de son mariage, une hypothèque légale pour 40,000 fr., ne subroge que jusqu'à concurrence de la moitié de sa créance, que décider dans ce cas, si cette hypothèque ne vient en ordre utile que pour 20,000 fr.? La collocation de 20,000 fr. doit-elle être employée de préférence à acquitter au préjudice de la subrogeante, la partie de créance éventuellement transportée au subrogé ou *vice-versâ*, ou bien enfin, la subrogeante et le subrogé viendront-ils en concurrence? La prévoyance des parties a pu sans doute faire leur loi à cet égard. Elles ont pu stipuler soit la concurrence, soit la préférence pour le subrogé ou pour sa femme.

98. Mais supposons que la convention soit muette sur ce point. Et d'abord, il nous paraît incontestable que le principe de l'art. 1252 du Code Nap., à savoir que le subro-

geant ne subroge jamais contre lui-même, est inapplicable. La subrogation que nous étudions, n'a, suivant nous, qu'une ressemblance nominale avec la subrogation au créancier payé ; l'on conçoit que la subrogation au titre des obligations, chapitre du *paiement*, n'ayant d'autre fondement que la loi morale qui nous impose de faire le bien d'autrui, quand il n'en résulte pas pour nous de préjudice, cesse d'avoir effet là où elle apporterait un dommage au subrogeant. Le principe de l'art. 1252 écarté, nous ne voyons aucun principe qui attribue un droit de préférence soit à la femme, soit au subrogé.

Dans l'espèce, l'hypothèque couvrait une créance de 40,000 fr. ; elle enveloppait cette créance tout entière d'une protection également répartie sur chacun de ses éléments. Mais si l'hypothèque était répartie sur toutes les fractions de la créance, l'émolument qu'elle produit doit aussi se répartir entre toutes les fractions, et conséquemment se partager par contribution entre la partie de créance transportée et la partie non transportée. M. Grenier (tome 1ᵉʳ *des Hypothèques*, nᵒ 93). M. Troplong (tome 1ᵉʳ, nᵒ 367 *des Hypothèques*, et M. Mourlon (*Traité de subrogation personnelle*, p. 21), sont les seuls auteurs qui, à notre connaissance, se soient occupés d'une manière précise de cette question. MM. Grenier et Troplong professent une opinion contraire à celle que nous embrassons. — Voici leur argument :

Le cédant, bien qu'il ne soit, de plein droit, garant que de l'existence de la créance cédée (art. 1693), est toujours tenu de la garantie de ses faits personnels; il est donc obligé de s'abstenir d'un concours qui empêcherait le cessionnaire de recevoir le montant de la portion de la créance à lui transmise. — N'est-ce point là faire une fausse application d'un principe vrai? Que le cédant promette virtuellement de ne pas lui-même briser, anéantir le contrat par lui souscrit; qu'il ne puisse, à aucun titre, exercer, au préjudice de son ayant-cause, un droit dont il l'a saisi, c'est ce qui nous semble indubitable; mais le cédant promet-il et doit-il nécessairement promettre de donner, aux dépens d'un droit qu'il se réserve, au droit qu'il transporte, plus de puissance, plus d'effet que ce dernier n'en a par lui-même? Est-ce que, par exemple, le propriétaire de deux créances hypothéquées sur un même immeuble, lorsqu'il vient à transmettre une de ses créances, la dernière inscrite, renonce implicitement à sa collocation, en vertu de son inscription . pour le cas où elle ferait obstacle à la collocation de son cessionnaire ? Mais le propriétaire d'une créance qui la morcelle et en cède seulement une partie , n'est-il pas dans la position du propriétaire de deux créances, qui en transporte une et garde l'autre ?

99. Pour justifier la solution de MM. Grenier et Troplong , il faudrait dire , ce nous semble , ce qui constituerait un tout autre système , et ce qui soulèverait non plus une question de droit , mais une question d'interprétation , que la femme ne s'est pas bornée à céder une portion aliquote de sa créance, qu'elle a de plus renoncé conditionnellement à son hypothèque pour l'excédant de la créance cédée , et ce dans le cas où le cessionnaire aurait intérêt à se prévaloir de cette renonciation.

100. Si la femme qui est créancière de 40,000 fr. emportant hypothèque à une certaine date et qui ne subroge que jusqu'à concurrence de 20,000 fr. concourt avec le subrogé pour les 20,000 fr. restants , par cela seul qu'il n'y a pas de stipulation contraire , un représentant de la femme , un second subrogé viendrait pareillement en concurrence

avec le premier subrogé. Quand même il serait vrai que l'obligation de garantie pût empêcher la concurrence de la femme, cette obligation ne lierait pas l'ayant-cause à titre particulier de celle-ci. Toutefois, s'il était jugé que la femme, en cédant une portion aliquote de sa créance, avait renoncé, en faveur du premier subrogé, à l'exercice de son hypothèque, pour sa portion réservée, cette renonciation conditionnelle serait opposable au second subrogé. (Cour de Caen, 2 mai 1835, Leguédois ; Cour de Caen, 3 mai 1852 et 9 février 1853, voir supra, n° 21.) Cette interprétation ne doit pas être facilement admise.

101. Nous pensons donc qu'il faut, sous ce rapport, limiter le principe professé en termes trop généraux, que l'ordre de préférence entre les divers subrogés se règle par la date de leurs subrogations ou au moins par la date des significations ou acceptations authentiques qui en sont faites. Ce principe n'est vrai qu'en ce sens que la femme qui a cédé éventuellement sa créance de 40,000 fr. ne saurait, en comprenant cette créance dans une subrogation ultérieure, préjudicier à sa première subrogation parce qu'il lui est impossible de transférer ce dont elle est déjà

dessaisie. M. Proudhon, dans son *Traité de
l'Usufruit*, n°⁵ 2337 et 2338, a-t-il entendu donner à ce principe plus d'extension?
M. Mourlon le croit... Pour nous, nous avons
quelques doutes sur le sens et la portée de
la doctrine du savant jurisconsulte. (Sic.,
Cassation, 4 août 1817. Sir. 17-1-373.)

102. M. Grenier est de l'avis que nous
avons embrassé, au moins en ce qui concerne
les cessions successives de diverses fractions
d'une créance privilégiée. (Des Hypothèques,
n° 389.) Il cite, sous ce numéro, un considérant de l'arrêt de la Cour de cassation,
du 4 août 1817, qui prouve que la cession
partielle n'empêche pas le cédant de venir en
concours avec son cessionnaire : « S'il arri-
» vait que le vendeur ou autre créancier pri-
» vilégié cédât à plusieurs personnes, par dif-
» férents actes, le montant de sa créance,
» avec la même subrogation à ses droits et
» priviléges, le cessionnaire antérieur pour-
» rait-il réclamer la priorité sur les cession-
» naires postérieurs, ou bien tous les cession-
» naires viendraient-ils par concurrence?
» Les divers cessionnaires ont un droit égal,
» quoique le titre de l'un soit antérieur au
» titre des autres : ainsi ils doivent concou-
» rir. » Sous le n° 93, M. Grenier traite aussi

la question de concurrence entre les divers cessionnaires partiels d'une même créance, et il
est assez difficile de savoir, à travers sa rédaction équivoque, s'il ne s'attache pas à l'ordre
des cessions pour accorder une préférence. Il
examine en effet deux cas, d'abord le cas de subrogation successive dans les termes des art.
1250 et 1251 du C. Nap. et il se prononce nettement pour la concurrence. Il s'occupe ensuite
du cas de cessions successives et s'exprime ainsi :

« Au second cas que j'ai indiqué, il ne
» devrait pas en être de même. Un créan-
» cier qui, pour sa libération ou autrement,
» dans son propre intérêt, cède sa créance à
» ses propres créanciers, avec subrogation,
» transige avec ceux-ci dans un esprit dif-
» férent, qui appelle d'autres principes. Soit
» qu'il s'agisse d'un privilége, d'une hypo-
» thèque légale, ou d'un droit hypothécaire
» spécial, lorsqu'il fait ses cessions avec su-
» brogation, à diverses personnes successi-
» vement, il est sensible qu'à mesure qu'il
» cède et qu'il subroge, il se dessaisit de sa
» créance partiellement, et chacun des cé-
» dataires subrogés prend la portion de
» créance qui lui a été cédée *jusqu'à l'épui-
» sement des fonds à distribuer*. Ils viennent
» tous sous une même date de collocation,
» qui est celle qu'a dû avoir la créance cédée

» par parties; mais chacun prend ce qui lui a
» été cédé. Dans le même cas, le subrogeant
» ne pourrait venir à un ordre pour être payé
» de ce qui lui serait resté dû, qu'après que
» tous ses subrogés auraient reçu le montant
» de leurs subrogations, à moins qu'il n'y
» eût une convention contraire. Tout ceci
» rentre dans les principes de la garantie
» d'une cession de la part d'un débiteur pour
» opérer sa libération. On ne peut céder va-
» lablement ce qu'on a déjà cédé à un autre. »

Si M. Grenier a seulement entendu dire que
le propriétaire d'une créance de 20,000 fr.
qui avait cédé deux fractions, chacune de
10,000 fr., ne pouvait céder efficacement une
troisième fraction, et n'avait pas la faculté,
après avoir épuisé son droit de propriété, de
nuire à ses deux premières cessions, en es-
sayant de créer un droit de concours par une
troisième cession qui n'avait plus d'objet, il
a exprimé une vérité incontestable.

Quoi qu'il en soit, la partie finale de ce
no 93, est entachée d'une évidente erreur, au
moins en ce qui concerne les hypothèques légales dispensées d'inscription. « Il faut ce-
» pendant observer que dans ce que je viens
» de dire, j'ai supposé que la créance cédée
» partiellement avait été inscrite auparavant.
» Si elle ne l'avait pas été, et si les cédataires
» prenaient ensuite, chacun séparément, des

» inscriptions en vertu de leurs cessions, cha-
» que inscrivant serait payé au rang de son
» inscription. L'inscription donne un droit
» d'exclusion contre tout créancier non ins-
» crit, qui n'a point de rang, et elle donne
» un droit de préférence contre tout créancier
» qui ne s'est inscrit que postérieurement. »

La priorité d'inscription des cessions ne
saurait être une base de préférence entre les
cessionnaires qui acquièrent non un droit
d'hypothèque mais un droit de propriété sur
les fractions de la créance dont ils sont saisis.
(Voir toutefois l'arrêt de la Cour de Caen,
2ᵉ chambre, du 28 juillet 1853, — Leseulle
contre Troudet, quant aux divers cessionnaires particls d'une créance garantie par
une hypothèque sujette à inscription.)

Il est d'évidence encore que si la première
subrogation ne porte que sur une créance dont
l'hypothèque n'est née que pendant le mariage,
comme, par exemple, la reprise d'un prix de
vente d'immeuble, et que la subrogation postérieure ait pour objet une créance emportant
hypothèque du jour même du mariage, le second subrogé sera préférable, comme l'eût été
la femme elle-même au premier subrogé.

103. M. Troplong (tome 1ᵉʳ, n° 366,)
admet que lorsqu'un créancier privilégié a
cédé successivement son droit à différents

cessionnaires, ceux-ci concourent entre eux,
et ne peuvent se prévaloir de la date de leurs
titres pour réclamer une préférence les uns
sur les autres, parce que, dit-il, les priviléges s'estiment, non par le temps, mais par
la cause, et que, d'après l'art. 2097 du Code
Napoléon, les créanciers privilégiés qui sont
dans le même rang sont payés par concurrence. Mais M. Troplong prétend (tome 2,
des *hypothèques*, n° 608, *in fine*) que s'il
s'agit d'une créance hypothécaire, la date des
cessions détermine la préférence, parce que,
entre créanciers hypothécaires, c'est l'ordre
des dates qui fixe les rangs Cette distinction
entre les cessionnaires partiels d'une créance
privilégiée et les cessionnaires partiels d'une
créance hypothécaire repose sur une confusion. La loi règle bien le rang des diverses
créances privilégiées, suivant la faveur de la
cause, et le rang des créances hypothécaires,
suivant la priorité ou du titre ou de l'inscription. Mais elle n'assigne pas de rang entre eux
aux différents éléments d'une même et unique créance; ce n'est pas parce qu'ils ont
des priviléges de même qualité, mais bien
parce qu'ils partagent le bénéfice d'un même
privilége, que les cessionnaires de la créance
que le privilége investit, viennent par contribution; et l'ordre de dates des cessions par-

14

tielles d'une créance hypothécaire, en tant au
moins qu'elle n'est pas assujettie à inscription, ne saurait créer des droits d'antériorité,
parce que les cessions successives ne peuvent
être assimilées à des constitutions successives
d'hypothèque sur l'hypothèque du cédant :
hypotheca hypothecæ non datur. Il faut donc
reconnaître que le créancier hypothécaire,
comme le créancier privilégié, peut conférer
des droits égaux aux tiers auxquels il consent
successivement des cessions : le principe *prior
tempore, potior jure* est ici toujours sans
influence ; seulement, quand la créance du
cédant est absorbée, le principe *nemo plus
juris in alium transferre potest quàm ipse
habet* doit recevoir son application.

104. M. Mourlon (De la *Subrogation*
pag. 25), voit une contradiction dans la
solution que M. Troplong professe sous le
n° 367 et la solution qu'il a adoptée sous le
n° 366. « Comment, dit-il, le second ces-
» sionnaire peut-il concourir avec le pre-
» mier cessionnaire d'une portion aliquote,
» lorsque le cédant dont il tient son droit
» n'aurait pas eu, d'après M. Troplong, le
» bénéfice de ce concours? » La contradiction
n'existe pas à nos yeux : du moment, en effet, où M. Troplong n'écarte le cédant que

par suite d'une obligation de garantie, cette
obligation qui n'est que personnelle doit rester étrangère à l'ayant-cause à titre singulier.

105. La question est beaucoup plus grave
lorsque la femme ne s'est pas bornée à subroger à son hypothèque légale pour une portion aliquote de ses créances, et qu'au lieu
de donner une garantie purement réelle,
elle a souscrit une obligation personnelle qui,
comme nous l'avons vu, sous le n° 6, n'est
pas de l'essence de la subrogation ; dans ce
cas, en effet, il n'y a pas seulement une
cession de créance, avec la garantie de droit,
mais une cession avec garantie de fournir
et faire valoir, une cession avec promesse de
payer soit comme caution, soit comme co-
obligée solidaire du débiteur cédé.

106. Si le subrogé n'a pour adversaire
à l'ordre, que la femme, la question de savoir s'il doit primer sa cédante et sa garante est sans intérêt, par ce qu'en supposant
qu'elle soit résolue contre lui, il obtiendra,
en vertu de l'art. 1166 du Code Napoléon et
de l'art. 778 du Code de procédure, l'emport
des deniers dont sa débitrice sera colloquée.

107. Mais la femme, après une première
subrogation pour une portion aliquote, avec

obligation personnelle, a pu se dessaisir du
restant de sa créance, et la lutte alors s'engage entre les deux cessionnaires successifs.
Le cessionnaire, premier en date, invoque la
maxime : *quem de evictione tenet actio, eum-
dem agentem repellit exceptio.* La subrogeante est son obligée et sa garante ; le second
subrogé ne peut avoir plus de droits que celle
dont il a pris la place. Or la subrogeante, la
subrogeante astreinte à payer, faute par le
débiteur cédé de payer lui-même, pourrait-elle
paralyser elle-même l'effet de la subrogation ?

Le cessionnaire, second en date, répond :
« Ma cédante était, il est vrai, votre débi-
» trice ; mais moi, son ayant-cause à titre
» particulier, je n'ai pas hérité de sa dette
» envers vous ; je ne la représente pas,
» quant à ses obligations personnelles : vous
» aviez sans doute à opposer à la femme,
» votre cédante et votre obligée, un double
» titre, la qualité de propriétaire de la
» portion de créance qu'elle vous avait trans-
» mise, et la qualité de créancier. Entre
» nous, il ne saurait être question que d'un
» seul titre, de votre droit de propriété.
» Nous sommes, l'un et l'autre, propriétaires
» chacun d'une fraction de la même créance,
» et ces deux fractions de créance qui sont
» seules en présence, dont nous ne sommes

» que les titulaires et les représentants,
» n'ont aucun droit de préférence l'une sur
» l'autre. »

A notre sens, l'argumentation du second
cessionnaire doit triompher ; elle est l'expression de la vérité juridique ; aucune
obligation personnelle ne lie le second subrogé envers le premier subrogé : la lutte
s'engage entre deux propriétaires partiels ;
la part de propriété afférente à chacun
d'eux a la même nature, et doit offrir les
mêmes avantages ; il n'en serait autrement
qu'autant que la subrogeante aurait à la
subrogation ajouté une renonciation à son
hypothèque, pour la portion de créance
réservée, parce que cette renonciation extinctive serait opposable même à son ayant-
cause à titre singulier. (Voir supra n° 100.)

108. Le subrogé partiel peut se trouver à
l'ordre, en face, non pas d'un second subrogé partiel, c'est-à-dire d'un ayant-cause
qui ne succède pas aux obligations personnelles de la subrogeante, mais des créanciers
chirographaires, dont les droits ne sauraient
être plus étendus que ceux de leur débitrice.
Si l'obligation de la femme de payer le subrogé lui interdit de réclamer une collocation au préjudice de la subrogation qu'elle

a consentie, ses créanciers chirographaires seront passibles de la même exception. Mais la femme, en sa qualité de débitrice personnelle du subrogé, n'est-elle pas seulement, aux termes de l'article 778 du Code de procédure, tenue envers celui-ci d'acquitter sa dette, aux dépens de la collocation afférente à sa part de créance? Si c'est à cela que se réduit l'obligation personnelle de la subrogeante, le subrogé n'a aucun droit de préférence. Car pour les deniers dont la femme sera colloquée, à l'exclusion de la masse des créanciers, il n'a que la ressource d'une contribution par voie de sous-ordre.

109. Une question dominée par les mêmes principes a été soumise à la Cour de Caen, le 21 août 1852. Le tiers-porteur d'un billet à ordre garanti par une hypothèque, stipulée comme condition d'un crédit ouvert, soutenait, à l'encontre des créanciers du créditeur, son endosseur, et par conséquent son obligé solidaire, qu'il avait un droit de préférence sur le prix des biens que le crédité, souscripteur du billet, avait hypothéqués. Les créanciers du cédant, disait le tiers porteur, ne peuvent, sans violer la loi du contrat, diminuer mes chances de paiement. Ce système du tiers porteur a été

accueilli, et la Cour s'est fondée sur les principes de la garantie. (2e chambre, Rubin contre Bréville, 21 août 1852, jurisprudence de Caen, tome 17, page 16.)

Nous hésiterions à adopter ce système. L'endosseur est le co-obligé solidaire du tiré, soit; autre chose est l'obligation solidaire de l'endosseur, autre chose la cession de la créance sur le tiré : l'obligation solidaire ne donne au tiers-porteur, en tant qu'il s'adresse à l'endosseur, que le droit d'un créancier chirographaire ; donc sur les biens de l'endosseur, sur les droits appartenant au débiteur, le tiers-porteur ne peut obtenir que la concurrence avec les autres créanciers. Est-ce à dire que la solution de l'arrêt ne doive pas être approuvée ? Non, nous rejetons les motifs, et nous donnons une entière adhésion au dispositif. — Toute la dette hypothécaire du crédité, qui était le tiré, appartenait par préférence au tiers-porteur jusqu'à parfait paiement, parce qu'elle constituait une provision. (136 et 116 Code de Commerce.)

La Cour de Caen a été appelée à juger une seconde fois la question, dans une espèce identique, et par arrêt du 27 décembre 1852, elle a jugé que le tiers-porteur de lettres de change souscrites par le crédité, et négociées par le

créditeur, avait un privilége sur l'émolument
de l'hypothèque garantie du crédit ; mais elle
s'est fondée sur les règles spéciales à la provision.

« Considérant en effet que ce n'est pas seu-
» lement la partie de la valeur soumise à la
» provision correspondant au montant de la
» lettre de change qui forme cette provision,
» mais bien la valeur totale, jusqu'à con-
» currence de ce qu'il en faut pour le solde
» de la lettre de change ; que l'art. 116 l'in-
» dique parfaitement, en déclarant que la
» provision doit consister *dans une somme*
» *au moins égale au montant de la lettre de*
» *change*, condition qui ne peut être rem-
» plie quand la provision porte sur une va-
» leur dont une partie est solide et l'autre
» ne l'est pas, qu'autant que la partie solide
» fournira *la somme égale* voulue et vertira
» en entier, s'il en est besoin, au paiement
» de la lettre de change ; d'où suit qu'en
» cas d'insuffisance de l'hypothèque procé-
» dant de l'acte de crédit pour prélever le
» recouvrement intégral de la créance de
» Bourdel-Eudes sur la dame Pichet, cette
» hypothèque doit profiter aux intimés (les
» tiers-porteurs), de préférence à la masse
» des créanciers dudit Bourdel-Eudes.... »
(Harang c. Alexandre et la Banque de Fran-

ce, 1re chambre, présidence de M. Dupont-Longrais, Jurisprud. de la Cour de Caen, tome 17, p. 18.)

110. La promesse d'abstention, entendue comme elle l'a été dans plusieurs arrêts de la cour de Caen, peut être plus avantageuse au stipulant, qu'une subrogation proprement dite à l'hypothèque légale.

Une femme a hypothèque jusqu'à concurrence de 50,000 fr. du jour de son mariage; — elle est partie dans un acte par lequel le mari emprunte avec affectation hypothécaire une somme de 10,000 fr.; en vertu de son concours à l'acte, la femme est réputée avoir cédé éventuellement 10,000 fr. sur ses reprises; elle conserve, avons-nous dit sous le n° 93, malgré la cession, sur les 40,000 fr. restants, un droit de concurrence avec son premier cessionnaire : que si au contraire la femme a conservé la propriété de toute sa reprise, si elle ne s'en est pas dessaisie même éventuellement, si elle a seulement renoncé au droit de s'en prévaloir contre le prêteur de 10,000 fr., elle ne pourra opposer la priorité de son hypothèque légale ni pour le tout ni pour partie. On ne considèrera pas, en l'absence de déclaration contraire, que sa promesse d'abs-

tention n'est que partielle, qu'elle n'est faite
que pour une portion de reprise correspon-
dante au montant de la créance dans l'intérêt de laquelle la renonciation a été stipulée. — Les cessions que la femme ferait
de ses reprises, depuis sa promesse d'abstention, seraient impuissantes à faire revivre, au profit de tiers, un droit de priorité
conditionnellement éteint et ne donneraient
pas même au cessionnaire le droit de concourir avec le prêteur de 10,000 fr., bénéficiaire de la renonciation.

111. Une espèce sur laquelle la Cour de Caen
a statué le 3 janvier 1853, (Jurisprudence
des Cours de Caen et de Rouen, année 1853,
p. 164), fera très-bien comprendre toute
l'importance qu'il convient d'attacher aux
distinctions entre les diverses espèces de conventions qui peuvent intervenir avec le titulaire d'une hypothèque.

La stipulation ne portait pas sur une hypothèque légale ; mais la question agitée se
présente surtout, dans la pratique, à l'occa-
sion de l'hypothèque légale des femmes mariées.

Ruault était créancier sur les époux Mancel d'une somme de 9,000 fr. garantie par
une hypothèque.

Bourdel-Eudes avait sur les époux Mancel une créance de 4,000 fr., primée par l'hypothèque de Ruault.

La demoiselle Féron n'arrivait qu'en troisième ordre pour une créance de 2,000 fr.

Ruault déclare qu'il consent abandonner son droit de priorité en faveur de la demoiselle Féron et qu'il la subroge à son hypothèque.

Plus tard, Ruault transporte à Bourdel-Eudes 2,300 fr. à prendre par préférence et antériorité sur la créance de 9,000 fr. Ce transport est accepté par les époux Mancel.

La demoiselle Féron ne fait pas signifier le consentement à priorité qu'elle a obtenu de Ruault, et elle ne renouvelle pas en temps utile l'inscription à laquelle celui-ci l'a subrogée.

Bourdel-Eudes seul fait opérer le renouvellement de l'inscription de Ruault; mais il a soin de ne le requérir que jusqu'à concurrence de la somme à lui cédée, c'est-à-dire jusqu'à concurrence de 2,300 fr.

Un état d'ordre s'ouvre, Bourdel-Eudes soutient que comme cessionnaire de Ruault pour 2,300 fr. et comme créancier de 4,000 fr. de son chef, c'est-à-dire pour ses deux créances, il prime la demoiselle Féron, réduite à sa propre hypothèque, parce qu'elle n'a ni signifié, ni fait accepter par acte authentique sa subrogation et que d'ailleurs elle n'a pas d'inscription du chef de Ruault.

La demoiselle Féron reconnaissait qu'elle était primée par la créance de 4,000 fr. que Bourdel-Eudes réclamait de son chef, mais elle soutenait que Bourdel-Eudes ne pouvait la primer, en tant qu'il était le cessionnaire du sieur Ruault.

Voici en quels termes, dans une consultation délibérée pour la demoiselle Féron, nous précisions ce soutien :

« Il n'y a dans l'acte consenti par le sieur Ruault au profit de la dame Féron, qu'un abandon de priorité : il est impossible d'y voir autre chose ; le transport est inventé pour arriver à donner passage à une argumentation qui le proclame inefficace. Le mot de *subrogation* qui, sans doute, peut quelquefois, selon les circonstances, emporter l'idée d'une transmission de créance, est expliqué par l'ensemble de toutes les clauses dans le sens seulement d'une promesse de ne pas opposer son droit d'antériorité.

» Mais, et pour discuter dans toutes les hypothèses, supposons qu'il y ait, tout à la fois, un transport de 2,000 fr. sur la créance de 9,000 fr. et, ce dont on ne peut contester l'existence, une promesse de ne pas op-

poser la priorité de la créance ou de partie
de la créance qui continuait d'appartenir à
M. Ruault; que pourrait-il résulter de l'admission de cette supposition? Une seule
chose, tout au plus, c'est que le transport de
2,000 fr. serait inefficace, parce qu'il n'aurait pas été signifié. Mais resterait la promesse du cédant de ne point opposer son hypothèque, l'obligation d'en donner main-levée, si elle était préjudiciable à Mlle Féron, et
cette promesse et cette obligation n'étaient
pas, elles, subordonnées à la condition d'être
signifiées; elles n'étaient pas même assujetties
à des conditions de publicité.

» Ce que nous constatons seulement, c'est
qu'en admettant, même contre tout évidence, qu'il y ait un transport de 2,000
fr., il y a autre chose; il y a surtout, et
avant tout, une renonciation au droit de
priorité.

» Mais qu'est-ce qu'une renonciation au
droit de priorité? Ce ne peut être, dit-on,
qu'un transport de créance, parce que l'hypothèque est un accessoire qui ne peut être
transmis séparément du principal auquel il
est attaché.

» Nous admettons, pour notre compte,
qu'une hypothèque ne peut être transmise
comme un objet à part, comme un élément

indépendant. Et , bien que ce point soit très-controversé, nous tenons pour constant le point de départ de l'objection.

« Mais la demoiselle Féron ne prétend pas être investie de l'hypothèque de M. Ruault : elle ne demande pas à exercer cette hypothèque qui lui assurerait le premier rang ; elle ne réclame , on ne saurait trop insister là-dessus, que le second rang ; elle reconnaît à la masse Bourdel-Eudes le droit d'être colloquée avant elle, pour les 4,000 fr. Mais elle ne veut pas être primée tout à la fois, et par l'hypothèque Ruault et par celle des 4,000 fr., c'est-à-dire être renvoyée au troisième rang.

» Une renonciation à priorité n'implique aucune idée de cession ; elle ne suppose ni cession de créance, ni cession de l'hypothèque séparée de la créance. — Que signifie-t-elle donc ? C'est une garantie donnée par un créancier hypothécaire à un autre créancier, qu'il ne se présentera pas à l'ordre à son préjudice et de manière à l'empêcher d'obtenir une collocation : c'est une extinction conditionnelle d'hypothèque , subordonnée au besoin de celui auquel on la consent, une extinction qui n'a rien d'absolu, qui ne pourrait être opposée par des tiers étrangers à la convention et dont tous les effets se

concentrent entre le renonçant et le bénéficiaire de la renonciation.

» M. Ruault a dit : Je ne mettrai pas
mon droit en mouvement sur le prix des
biens des époux Mancel, si la demoiselle Féron a intérêt à m'en empêcher.

» Une pareille convention a-t-elle quelque chose d'illicite? Non assurément : celui
qui a la disposition d'un droit peut bien le
condamner à l'inertie. Donc la convention
est valable au moins entre M. Ruault et la
demoiselle Féron.

» Mais est-elle opposable à Bourdel-Eudes,
représentant à titre singulier, de M. Ruault?
Non , dit-on, parce que Bourdel-Eudes n'a
pas succédé aux obligations personnelles de
son cédant, bien qu'il les ait parfaitement
connues et ait traité sur la foi de leur existence.

» Nous croyons que cette objection repose sur une idée absolument inexacte du
caractère de la renonciation au droit de priorité.

» M. Ruault n'a pas promis de créer un
droit au profit de la demoiselle Féron : une
pareille promesse ne lierait pas son ayant-
cause à titre singulier. Il a, ce qui est tout
différent, détruit son propre droit sous condition; il a paralysé, amorti son hypothè-

que pour une certaine éventualité, et si cette
éventualité se réalisait, il n'avait plus d'hypothèque opposable à la demoiselle Féron.
Il n'a donc consenti qu'une extinction conditionnelle de son droit, et comme l'a très-
bien dit le premier juge, M. Ruault n'a
pu transmettre que le droit qui lui restait,
c'est-à-dire un droit éteint conditionnellement.

» Cette doctrine n'est pas nouvelle, surtout pour la Cour de Caen. L'interprétation
qui a été donnée à l'acte est une interpréta-
que la Cour de Caen s'est montrée disposée
à donner toujours et *quand même*, quels
que soient les faits et les termes, qu'il y ait
ou n'y ait pas apparence que la renonciation
dans la pensée des contractants, a pu avoir
un effet translatif. »

Les objections contre ce système étaient
présentées avec beaucoup de force dans une
excellente consultation de l'un des plus savants professeurs de la Faculté de Droit de
Caen, M. Feuguerolles, qui soutenait dans
l'intérêt du sieur Bourdel-Eudes, que le
sieur Ruault en abandonnant son rang à la
demoiselle Féron jusqu'à concurrence de
2,000 fr., n'avait entendu ni pu entendre
paralyser toute sa créance.

« Le fait que la priorité se limitait à une

somme de 2,000 fr. résulte de la stipulation
contenue dans l'acte du 5 juillet 1844, (constatant le consentement à priorité); c'était
donc comme si le sieur Ruault eût dit :
Lorsque j'obtiendrai une collocation par moi
ou mes cessionnaires de la somme de 9,500
fr., je consentirai à ne point me présenter
pour 2,000 fr., pour donner à la demoiselle Féron une collocation de 2,000 fr.;
mais le consentement ne peut pas s'entendre
en ce sens que toutes les parties de la créance
étaient frappées d'indisponibilité.

» Le consentement du sieur Ruault était
purement gratuit; c'était une renonciation
à se prévaloir, au profit d'un tiers, d'un
droit qui lui était acquis. Mais il en est des
renonciations comme du cautionnement, qui
est aussi un acte gratuit ; elles ne se présu-
ment pas et doivent être entendues dans un
sens strict et avec restriction. Or, est-il ad-
missible que celui qui consent une priorité
sur une hypothèque antérieure, au profit
d'un créancier postérieur, entende renoncer
aux effets de cette hypothèque, pour tout ce
qui excède le chiffre formant le total du
montant de l'inscription postérieure? Par
exemple : comment concevoir que celui qui
aurait une hypothèque de 100,000 fr., s'il
consentait une priorité pour 10,000 fr., pût

comprendre que les 90,000 fr. passant seraient indisponibles? Il faut donc entendre
un consentement de priorité en ce sens que
si la collocation a lieu pour le tout, le créancier, premier en rang, se retirera de l'ordre,
jusqu'à concurrence de la créance ultérieure
au profit de laquelle il a consenti une priorité, mais non en ce sens que toutes les parties de la créance seront grevées de la charge
de la priorité, de manière que, si précisé-
ment l'inscription conservée par un cessionnaire postérieur, ne l'est que pour le chiffre
de la créance qui use du droit de priorité, il
faille que le montant en soit attribué à cette
créance.

Ainsi la priorité consentie par l'acte du
5 juillet 1844 (l'acte qui constate le consentement à priorité) signifie que là où le sieur
Ruault sera colloqué en vertu de son hypothèque inscrite le 6 juin 1840 du chiffre de
2,000 fr., ainsi que du surplus de ce qui lui
était dû, il abandonnera son rang pour qu'il
soit pris par la demoiselle Féron, jusqu'à
concurrence de ladite somme; en d'autres
termes, sa renonciation s'entend du droit
hypothécaire correspondant à la partie de sa
créance, qui est l'équivalent de celle pour laquelle il a consenti une priorité, et non au

droit hypothécaire qui milite pour les autres parties.

» Le second moyen est fondé sur ce qu'il résulte de l'ensemble des dispositions de l'acte du 5 juillet 1844 que M. Ruault a entendu faire au profit de la demoiselle Féron, un transport d'une partie de sa créance. Voici par quels motifs on le justifie. Le créancier qui vient immédiatement après celui qui consent une priorité, n'a pas besoin d'un transport, le plus habituellement ; il suffit, pour sa sécurité, que le créancier premier en ordre, abandonne son rang jusqu'à concurrence de ce qui est nécessaire pour lui assurer son paiement, dans le cas où les fonds viennent à manquer. Mais s'il existe un créancier intermédiaire, il en est différemment, car l'intention de celui qui a concédé un droit de priorité comme la volonté de celui qui l'a obtenu, n'est point de favoriser le créancier intermédiaire et de lui donner un rang préférable à celui qui lui appartiendrait ; on peut faire telles hypothèses, où il est de toute évidence que la simple renonciation ne peut être le but que les parties ont voulu atteindre.

» Supposons, par exemple, que le premier créancier ait droit à 10,000 fr., le second à 15,000 fr., et le troisième à 5,000 fr.; l'immeuble hypothéqué est d'une valeur de 15,000 fr. si le premier créancier consent, au profit du troisième, une priorité et seulement une promesse de lui procurer un rang utile conformément au système que nous combattons, il arrivera que la renonciation si elle opère seulement un abandon du droit de collocation, en tout ou en partie, de la créance première en ordre, ne profitera pas au troisième, puisque le second viendra prendre le prix entier au moyen de sa créance de 15,000 fr. qui, ne trouvant plus de collocation antérieure, emportera tous les deniers et obtiendra une collocation de 10,000 fr., supérieure à ce qu'elle aurait pu réclamer cessant cette convention, qui ne le concerne pas; tandis que s'il y avait eu transport au profit du troisième créancier d'une partie de la créance du premier créancier, la collocation aurait été faite de manière à ce que le troisième créancier eût eu 5,000 fr. aux dépens de la collocation première en ordre; que les cinq autres mille francs resteraient au premier créancier, et qu'enfin le second n'aurait que 5,000 fr. au lieu de 15,000. »

La Cour, par son arrêt du 9 février 1853, a rejeté la prétention du sieur Bourdel Eudes de primer, comme cessionnaire du sieur Ruault, la créance de la demoiselle Féron. Elle n'a pas admis qu'une renonciation à priorité

ne se différenciât d'un transport de créance
qu'autant qu'il n'existait pas de créancier
intermédiaire entre le renonçant et le stipulant; elle n'a pas admis non plus que le renonçant put être réputé s'être réservé le droit
de concourir avec le stipulant pour l'excédant
de sa créance sur la créance de celui-ci.

» Considérant que par l'acte du 5 juillet
» 1844 Ruault n'a ni transporté ni cédé une
» partie de sa créance à Elisabeth Féron,
» mais qu'il a consenti à ne pas faire valoir
» son inscription prise contre les époux Man-
» cel, par préférence à l'inscription prise
» pour 2,000 fr. par Elisabeth Féron.

» Considérant que ce consentement est une
» renonciation licite et valable au profit de
» la personne en faveur de laquelle elle est
» faite, de manière à ce que, sans exami-
» ner si l'inscription de Ruault a été con-
» servée par renouvellement ou ne l'a pas
» été, il ne peut empêcher Elisabeth Féron
» d'être colloquée avant lui jusqu'à concur-
» rence de la créance de 2,000 fr. ;

» Considérant que l'obligation de Ruault
» a obligé ses ayant-cause, et peut, dès lors,
» être opposée à Bourdel Eudes pour la som-
» me pour laquelle un transport ou cession
» n'a eu lieu, pour 2,000 fr. que postérieuré-
» ment;

» Considérant qu'Elisabeth Féron ne de-
» mande pas être colloquée au rang de l'ins-
» cription de Ruault, mais de la sienne,
» en sorte qu'il n'y a pas lieu d'examiner ce
» qui serait relatif à la subrogation stipu-
» lée dans la seconde partie de l'acte du 5
» juillet 1844. » (Jurisprudence des arrêts
des Cours de Caen et de Rouen. — Année
1853, p. 164.)

112. Le subrogé à l'hypothèque légale de
la femme mariée avec adoption ou exclusion
de communauté, peut-il exercer les droits de
cette femme tant que les époux ne sont pas
séparés? Supposons d'abord que le subrogé
n'ait pas le mari pour obligé, que celui-ci
ne soit pour lui qu'un débiteur cédé; en
principe, la femme lorsqu'elle n'a pas encore
obtenu sa séparation, ne peut troubler le
mari dans la jouissance de sa dot; elle n'est
donc pas recevable à provoquer, à amener
par son fait la nécessité du paiement de ses
reprises : le mari ne doit pas être de pire
condition, quand il se trouve en présence
d'un tiers, que la femme s'est substitué par
subrogation; mais cette nécessité peut surgir,
sans émaner de la femme, indépendamment
d'elle, parce que, par exemple, un créancier
du mari ou même un acquéreur a fait ou-

vrir un ordre sur le prix de biens vendus amiablement ou expropriés; alors, comme mesure conservatoire, la femme peut réclamer, à son rang, sa collocation, sauf à ne pas en obtenir la disposition, et à en assurer l'intérêt au mari : ainsi, en général, le subrogé, avant la séparation de biens, ne peut exercer les droits de la femme, qu'autant que cet exercice a été appelé, forcé par des faits étrangers, et encore à la condition de respecter l'usufruit marital. Toutefois, par exception, en cas de déconfiture du mari, les subrogés peuvent, en vertu de l'art. 1446 du Code civil, 2ᵉ alinéa, sans attendre une demande en séparation, que la subrogeante refuse de former, poursuivre directement et spontanément le remboursement des créances comprises dans la subrogation. Mais lorsqu'il s'agit d'une subrogation faite au bénéfice d'un créancier du mari, comme tout créancier, chirographaire ou hypothécaire, peut, du moment où la dette est exigible, exproprier son débiteur, il est toujours loisible au subrogé de faire naître, *nomine proprio*, un évènement qui donne lieu à une collocation dont il profite comme ayant-cause de la femme. Ainsi, sans distinction aucune, ce subrogé peut prendre une initiative qui n'appartient qu'en cas de faillite ou de dé-

confiture au subrogé pour lequel le mari
n'est qu'un débiteur transporté.

113. La prescription de l'hypothèque légale court-elle au profit du tiers détenteur,
pendant la durée du mariage, quand cette
hypothèque appartient à un tiers en vertu
de la subrogation? La négative a été jugée
par un arrêt de la Cour de Caen, qui s'est
fondée sur ce que l'art. 2256 du Code Napoléon a été introduit en faveur de la femme,
*à cause de l'inaction à laquelle l'oblige la
nécessité d'user de ménagements envers son
mari*, et ne saurait être invoqué par des
tiers dont aucune influence n'est présumée
entraver la liberté. (2ᵉ Chambre. Jurisprudence de Caen, t. 2, p. 398. Suriray c.
Gruyer, 26 juillet 1834).

Nous hésiterions à adopter cette solution.
En effet, la femme subrogeante ne se dessaisit pas d'une manière absolue de ses reprises
et de l'hypothèque qui les garantit. Elle en
conserve la propriété pour le cas où le subrogé n'userait pas de la subrogation. Mais
alors de quel secours sera la prescription au
tiers-détenteur? Elle l'affranchira de la poursuite du subrogé; soit: le subrogé écarté, res-
tera la subrogeante, contre laquelle la prescription n'aura pu courir; elle mettra l'hy-

pothèque en mouvement, et, comme la prescription est étrangère à ses rapports avec le
subrogé, celui-ci la forcera à lui abandonner la somme dont l'hypothèque procurera
la collocation.

114. Nous n'avons pas la prétention d'a-
voir embrassé toutes les difficultés que cette
matière soulève; nous avons voulu seulement
examiner les questions qui sont de nature à
se présenter le plus fréquemment devant les
tribunaux et surtout les questions qui permettent de mettre en lumière les principes
les plus importants. Nous n'avons pas pu
prévoir, nous n'avons pas même dû essayer
de prévoir les mille nuances que ces questions
peuvent revêtir et qui peuvent appeler des
tempéraments, des modifications de doctrine. Les circonstances d'espèce exercent
très-légitimement une grande part d'action
dans l'application du droit civil. C'est qu'en
effet lorsqu'aucun intérêt d'ordre public
n'est ni directement, ni indirectement en-
gagé, le droit est le plus souvent subordonné
à la convention, c'est-à-dire à la volonté des
parties qui a pu se traduire sous les formes
les plus variées, et si cette volonté est certaine
et licite, si aucune considération d'utilité
générale ne la paralyse ou ne la limite, elle

constitue la vraie loi, et le juge est seulement
chargé de lui assurer respect et efficacité.
Voilà bien pourquoi nous redoutons, dans
ce qui est du domaine des contractants, l'intervention législative et surtout les formules
qui élèvent des présomptions d'intention à
la hauteur de commandements. Ces formules
altèrent la vérité et trop souvent la suppri-
ment, le tout pour dispenser de sa recherche,
en sorte que, sous prétexte de possibilité
d'une erreur accidentelle, elles généralisent
l'erreur et imposent le mensonge. Ce que
nous serions tenté de blâmer de la part du
législateur, nous ne le croyons pas permis
au jurisconsulte. Les théories radicales,
absolues, qui refusent de se plier aux faits,
aboutissent nécessairement, dans certains cas,
à des conséquences que l'équité et la raison
désavouent.

Ne semblerait-il pas que nous avons été
infidèle à cette inspiration, quand nous avons
soutenu que l'hypothèque légale ne pouvait
être détachée de la créance et cédée séparément? — Non. Nous accordons sans doute une
grande puissance à la volonté des parties,
mais cette puissance ne saurait aller jusqu'à
triompher de certaines nécessités légales, jusqu'à affranchir des conditions de l'essence d'un
acte juridique, jusqu'à substituer, au préju-

dice de l'économie de notre régime hypothécaire, et au détriment des tiers, des fictions
à la réalité ; il n'appartient qu'à l'omnipotence de la loi d'imposer des fictions.

Nous ne croyons pas qu'il y ait une lacune législative à combler ; mais le législateur dût-il intervenir, qu'il importerait
encore de constater l'état de la science, de
recueillir ses solutions, de contrôler ses
tendances.

Nous avons, dans nos observations préli-
minaires, essayé d'assigner le rôle de la doctrine, en ce qui concerne les conventions diverses que l'hypothèque légale comporte. Ce
rôle a d'autant plus d'étendue que le juge n'a
pas à statuer sur un contrat dont la loi ait
elle-même déterminé les conséquences, sur un
contrat en quelque sorte fait à l'avance pour
les parties. La liberté d'appréciation laissée
à la justice, n'implique pas l'arbitraire,
l'affranchissement de toutes règles, le droit
de ne tenir aucun compte des traditions juridiques, des présomptions de raison et de
tous les secours que la doctrine offre à la
conscience de l'interprète. Une étude critique
des controverses soulevées par les *cessions
d'hypothèques légales, les cessions de priorité, les cessions de rang, les subrogations,
les renonciations in favorem*, n'est donc pas

une étude stérile. L'absence de textes impéra-
tifs, de textes spéciaux ne donne à cette étude
qu'un plus grand caractère d'utilité pratique.

Les quelques pages consacrées, dans des trai-
tés généraux, à ces conventions si usuelles,
par Proudhon, par Grenier, par M. Troplong, par Zachariæ, et plus récemment, par
deux auteurs d'une incontestable valeur, M.
Mourlon et M. Gauthier, nous ont semblé laisser une place à un travail spécial, qui offrit
et plus de développements doctrinaux et plus
de détails jurisprudentiels. Nous nous sommes
surtout attaché à la réfutation des idées qui
nous ont paru manquer d'exactitude. Nous
avons fréquemment jugé utile de citer le texte
même des auteurs dont nous combattions l'o-
pinion; c'est que, sous la traduction, si cons-
ciencieuse qu'elle soit, de celui qui l'attaque,
une théorie perd toujours sa physionomie, souvent sa vraie signification, et qu'en général,
une tentative de rectification ne s'apprécie,
ne se juge qu'en face de la doctrine et de la
formule qu'on propose de rectifier. Au reste,
nous n'avons pas la prétention d'avoir fait
d'une thèse de docteur un *traité*. Nous avons
seulement l'espérance de fournir quelques éléments utiles aux praticiens et à ceux qui accom-
pliront, comme écrivains, la tâche que nous
n'avons pas même eu la pensée d'entreprendre.

DE LA SUBROGATION
A L'HYPOTHÈQUE LÉGALE.

ÉTUDE CRITIQUE.

Sommaires.

§ Ier. — QU'EST-CE QUE LA SUBROGATION ?

1. Nature du droit résultant de la subrogation à l'hypothèque légale.
2. Inconvénients du nom donné à ce fait juridique.
3. L'hypothèque légale ne peut être cédée séparément de la créance qu'elle garantit.
4. Le subrogé à l'hypothèque légale n'est-il réputé saisi que des droits appartenant à la subrogeante sur les immeubles du mari ?
5. Caractères qui prédominent dans la subrogation.
6. De quelles obligations la subrogation peut-elle être l'accessoire ?
7. Le nantissement qui résulte de la subrogation est-il *mobilier* ou *immobilier* ?
8. Hypothèses dans lesquelles il est évident que la subrogation emporte *transmission* des créances auxquelles l'hypothèque est attachée.

9. Réfutation de la théorie qui ne voit dans la subrogation à l'hypothèque légale qu'un *transport* de la garantie hypothécaire.

10. Si la femme ne peut transporter son hypothèque légale isolément du droit dont elle est la sûreté, elle peut l'anéantir pour affranchir les tiers de ses conséquences.

11. Opinion de MM. Championnière et Rigault.

12. Objections contre cette opinion.

13. M. Valette partage l'opinion de MM. Championnière et Rigault.

14. Objection formulée par M. Mourlon, contre la solution de M. Valette.

15. Théorie de Proudhon et théorie de MM. Aubry et Rau sur Zachariæ.—En quoi elles s'accordent ; en quoi elles diffèrent.

16. Appréciation de ces théories.

17. Sens, d'après MM. Aubry et Rau, des renonciations *in favorem* à l'hypothèque légale, quand elles sont stipulées par des créanciers hypothécaires.

18. Objections.

19. Système de Deluca.

20. Appréciation.

21. Arrêts de la cour de Caen.

22. Renonciation au profit d'un acquéreur.

23. Théorie de M. Mourlon qui n'a qu'une similitude apparente avec la théorie de la cour de Caen. Différence entre la théorie des arrêts de la cour de Caen, et la théorie de MM. Aubry et Rau.

24. Si la renonciation *in favorem* n'est pas un transport de la créance, est-elle opposable à l'ayant-cause à titre singulier de la femme ?

25. Renonciation in favorem au profit d'un créancier chirographaire.

26. Solution de M. Mourlon dans cette hypothèse.

27. Appréciation de l'opinion de M. Mourlon.

28. Théorie de M. Mourlon appliquée à la renonciation in favorem, au profit de l'acquéreur de l'immeuble du mari.

30. Arrêts de la cour de Caen dans le cas de renonciation à l'hypothèque légale au profit d'un acquéreur.

31. Interprétation donnée par les Cours d'Amiens et de Lyon, par la Cour de cassation, aux renonciations à l'hypothèque légale, lorsqu'elles sont stipulées dans l'intérêt des acquéreurs des immeubles du mari.

32. M. Troplong rejette toutes les distinctions entre les renonciations in favorem, et les subrogations à l'hypothèque légale. — Opinion peu explicite de M. Grenier.

33. Quel est le système d'interprétation qui doit prévaloir ?

34. Projets de réforme, principales solutions proposées.

§ II. — SOUS QUELS RÉGIMES MATRIMONIAUX LES FEMMES ONT-ELLES CAPACITÉ POUR SUBROGER A L'HYPOTHÈQUE LÉGALE ?

35. Énumération des régimes qui laissent à la femme la capacité de subroger.

36. Les femmes soumises au régime dotal peuvent-elles subroger à l'hypothèque légale de leurs

reprises mobilières? — Réfutation de l'opinion de M. Mourlon.

37. En quel sens la dot mobilière est-elle indisponi-
ble après la séparation de biens? — Dissi-
dence avec M. Troplong. Examen de l'opinion de M. Gauthier.

38. Cas dans lesquels la femme dotale peut subroger à ses reprises mobilières et à ses reprises immobilières.

39. La femme dotale, qui s'est constitué en dot ses
biens présents et à venir, mais s'est réservé
la faculté de les aliéner sans remploi, peut-
elle valablement subroger à son hypothèque
légale? — Décisions diverses.

40. Une femme mariée sous le régime de la communauté, avec stipulation qu'en cas de renonciation, elle exercerait la reprise de son
apport, en exemption de toutes dettes sociales, même de celles auxquelles elle aurait concouru avec son mari, pourrait-elle efficacement subroger un créancier dans le droit
d'exercer cette reprise?

41. Projets de réforme.

§ III. — COMMENT LA SUBROGATION A L'HYPOTHÈQUE
LÉGALE S'OPÈRE-T-ELLE?

42. Subrogation expresse et subrogation tacite.
43. Faits qui entraînent la subrogation tacite.
44. Opinion de M. Duranton. — Réfutation.
45. Arrêtés de Lamoignon.
46. Controverse sous l'ancien Droit. — Dénisart,
Basnage.

47. Art. 20 du décret du 9 avril 1852. — Ses conséquences.

48 Hypothèse d'un mandat donné par la femme pour vendre ou hypothéquer un conquêt de communauté.

49. L'obligation souscrite solidairement par une femme envers son mari, emporte-t-elle subrogation à l'hypothèque légale?

50. *Quid* du jugement de condamnation solidaire contre la femme et le mari?

51. Examen de diverses hypothèses. — Opinion de M. Mourlon.

52. Arrêt de Caen, contraire à l'opinion de M. Mourlon.

53. La simple obligation de la femme envers un créancier du mari, ne donne-t-elle pas au moins le droit à ce créancier de se prévaloir, au préjudice des autres créanciers, de l'hypothèque légale à la date de cette obligation? — Difficulté de cette question. — Savante dissertation de M. Coin-Delisle.

54. La femme n'est-elle pas réputée avoir subrogé à son hypothèque légale l'acquéreur d'un conquêt, ou le créancier auquel un conquêt a été hypothéqué, lorsqu'elle accepte la communauté, bien qu'elle n'ait pas concouru personnellement aux actes? — Opinion de M. Gauthier. — Observations.

55. Les art. 2144 et 2145 régissent-ils les subrogations?

56. Opinion des Commissions qui ont préparé la discussion des projets de réforme hypothécaire.

57. Les art. 2144 et 2145 ne sont-ils pas au moins applicables aux renonciations extinctives?

58. La subrogation peut-elle toujours résulter d'un acte sous-seing privé? — Distinction proposée par M. Gauthier?

59. La subrogation doit-elle être signifiée au mari ou acceptée par le mari dans un acte authentique? Opinion de M. Gauthier.—Objections.

60. L'efficacité de la subrogation est-elle subordonnée à la possession du titre constatant l'existence des reprises.

61. La subrogation est-elle subordonnée à l'inscription?

62. Vœux de réforme. — Opinion des commissions qui ont préparé la discussion à l'Assemblée législative.

63. Utilité de l'Inscription.

64. La subrogation non-inscrite, mais signifiée au mari, empêche-t-elle le tiers-détenteur de l'immeuble hypothéqué d'agir comme si la femme était restée titulaire de l'hypothèque? — Controverse avec M. Mourlon.

65. Questions que soulèvent les art. 20, 21, 22, du décret du 21 février—9 avril 1852.

66. Si la subrogation ne résulte pas d'un acte authentique, la femme n'est-elle pas réputée, dans les relations hypothécaires, toujours propriétaire des reprises?

67. Controverse avec M. Mourlon.

68. Projets de Réforme.

§ IV. — QUEL EST L'EFFET DE LA SUBROGATION?

69. Irrévocabilité du droit conditionnel résultant de la subrogation.

70. L'effet de la subrogation ne s'évanouit pas lorsque les représentants de la femme deviennent héritiers purs et simples du mari. — Critique d'un arrêt contraire de la Cour d'Orléans.

71. Suite. Nouvelles observations sur la théorie de M. Gauthier, relativement au caractère de la subrogation à l'hypothèque légale.

72. Hypothèse d'une subrogation à des reprises conditionnelles.—Arrêt de la Cour de cassation. Critiques de M. Carette.

73. Conséquence de l'exercice du droit de subrogation.

74. Suite. — Espèce jugée par un arrêt de la cour de Paris. — Appréciation.

75. Suite.

76. Dans quel cas le droit de subrogation est-il réputé exercé?

77. Etendue de la subrogation.

78. Effet de la subrogation au profit de l'acquéreur d'un immeuble grevé de l'hypothèque légale.

79. En quoi la subrogation peut-elle profiter à l'acquéreur quand il purge et que le prix par lui offert aux créanciers hypothécaires est accepté?

80. La subrogation à l'hypothèque légale dispense-t-elle l'acquéreur de remplir les formalités de la purge, conformément aux art. 2193 et 2194?

81. Théorie inexacte de M. Grenier, qui dispense
l'acquéreur subrogé de la purge. — Observations de la Faculté de droit de Paris, sur le
projet de réforme hypothécaire.

82. Garantie que l'acquéreur subrogé à l'hypothèque légale, trouve dans la purge.

83. Comment l'acquéreur subrogé peut-il purger,
s'il existe une inscription au nom de la femme?
Solution de M. Mourlon adoptée.

84. A qui profitera l'inscription prise par la femme
antérieurement à la vente?

85. Si la subrogeante n'avait pas pris d'inscription
antérieurement à la vente, l'acquéreur doit-il
faire inscrire l'hypothèque légale?

86. La femme qui n'a subrogé à son hypothèque légale que sur certains immeubles, peut-elle
réclamer collocation de ses reprises sur le prix
des autres immeubles de son mari?

87. La femme qui a subrogé à son hypothéque légale, sur certains immeubles, a-t-elle à craindre, quand elle se présente à l'ordre ouvert
sur le prix d'autres immeubles, l'exception
cedendarum actionum?

88. La femme qui éteint son hypothèque légale, sur
un des immeubles de son mari est-elle au
moins exposée à l'exception *cedendarum actionum* quand elle se présente sur le prix
d'un autre immeuble?

89. Question générale.

90. Suite.

91. Interprétation de l'art. 2037.

92. Art. 1251, § 4.

93. Art. 1251, § 1.

94. Art. 1251, § 2.

95. Art. 1251, § 3.

96. Arrêt de cassation. — Théorie de M. Dupret et de M. Mourlon. — Conclusion.

97. Subrogation jusqu'à concurrence d'une portion aliquote d'une reprise. La subrogeante a-t-elle le droit de concourir avec le subrogé?

98. Suite : opinion de M. Grenier et M. Troplong.

99. Suite : question d'interprétation.

100. Effet de subrogations successives pour des portions aliquotes d'une même reprise.

101. Comment faut-il entendre le principe que l'ordre de préférence entre les subrogés, se règle par la date de subrogation?

102. Suite : opinion de M. Grenier. — Discussion.

103. Opinion de M. Troplong. — Discussion.

104. Critique mal fondée de M. Mourlon.

105. Subrogation jusqu'à concurrence d'une portion, aliquote de la créance, avec obligation personnelle.

106. 1re hypothèse : le subrogé n'a pour adversaire à l'ordre, que la subrogeante.

107. 2e hypothèse : il y a deux subrogés partiels en présence.

108. 3e hypothèse : subrogé partiel en présence de créanciers de la subrogeante.

109. Deux arrêts de la cour de Caen. Observations.

110. Effets de la promesse d'abstention, lorsque la reprise de la femme renonçante, excède la créance du stipulant.

111. Arrêt de la Cour de Caen.

112. Le subrogé à l'hypothèque légale de la femme mariée avec adoption ou exclusion de communauté peut-il exercer les droits de cette

femme tant que les époux ne sont pas séparés de biens?

113. La prescription de l'hypothèque légale court-
elle au profit du tiers détenteur, pendant la
durée du mariage, quand cette hypothèque
appartient à un tiers en vertu de la subrogation?

114. Observations finales.

⸺⋙◉⋘⸺

ERRATA :

Caen, imp. de DEHOUR, rue Froide, 9.

www.ingramcontent.com/pod-product-compliance
Lightning Source LLC
Chambersburg PA
CBHW070549200326
41519CB00012B/2171